Wolfram Franke

Biogarten

Gärtnern leicht und richtig

Wolfram Franke

Biogarten

BLV

Die Deutsche Bibliothek –
CIP-Einheitsaufnahme

Biogarten / Wolfram Franke. –
München; Wien; Zürich: BLV, 1993
(Gärtnern leicht und richtig)
ISBN 3-405-14393-4
NE: Franke, Wolfram

Bildnachweis:

Bildarchiv Gitte 7, 22 l, 79, 80, 81, 82, 87, 95, 98 r; Burda 48 o, 62, 69 l; Eberle 59; Franke 8 l, 8 r, 9 u, 10 r, 37 l, 38 o, 38 u, 39, 42, 43, 67, 72 o, 84/85; Himmelhuber 49 o; Nickig 2 r, 12, 13, 48 u; Redeleit 11, 16/17, 20, 21, 45, 49 u; Reinhard 2/3, 2 l, 4/5, 17, 22 r, 23 r, 24, 36, 46, 52/53, 58, 60, 61, 63 l, 63 r, 66, 69 r, 71 r, 76/77, 78, 78/79, 83, 86, 88/89, 90, 91 l, 91 r, 93, 94, 96 l, 96 r, 97, 98 l; Sammer 18, 19, 23 l, 44 l, 44 o, 44 u, 85, 92; Seidl 70, 71 l; Skogstad 3, 9 o, 10 l, 37 o, 37 M, 37 u, 38 r; Strauß 56, 57; Sulzberger 14, 40

Umschlaggestaltung:
Studio Schübel, München

Umschlagfotos:
Vorderseite: Bildarchiv Gitte
Rückseite: Reinhard (links),
Nickig (rechts)

BLV Verlagsgesellschaft mbH
München Wien Zürich
8000 München 40

Layout: Anton Walter, Gundelfingen
Lektorat: Barbara Kiesewetter
Herstellung: Ernst Großkopf

Satz: Weihrauch, Würzburg
Druck: Appl, Wemding
Bindung: Auer, Donauwörth

Printed in Germany · ISBN 3-405-14393-4

INHALTSÜBERSICHT

Ein reifer Garten

Ein Garten ist reif, wenn er mit der Vielfalt seiner Lebewesen den Höhepunkt seiner Entwicklung erreicht hat. Bäume, Sträucher, Stauden, Gräser und Kräuter sind zu einer Gemeinschaft zusammengewachsen, in der eine Pflanze die andere ergänzt, sie schützt oder ihr Schatten spendet. Der Mensch fördert diese natürliche Reife des Gartens auch zu seinem eigenen Nutzen.
Die meiste Aufmerksamkeit widmen wir dabei Obst, dem Gemüse und den Kräutern, die wir zu unserer gesunden Ernährung aus dem Garten anbauen. Gerade im Nutzgartenteil kommt es darauf an, für größtmögliche Abwechslung zu sorgen. Mit ein wenig Geschick lassen sich die Pflanzengesellschaften so kombinieren, daß sie sich selber gegenseitig fördern, schützen und gedeihen, so daß der Gärtner im Laufe der Jahre und mit zunehmender Reife des Gartens immer weniger eingreifen muß. Das ist leichter als man denkt, wenn Sie folgende Biogarten-Regeln einhalten:

1. Schützen Sie Mutter Erde
Halten Sie den Boden locker, und bewahren Sie ihn vor Trockenheit, Verschlämmung und starkem Frost. Unter einer schützenden Mulchdecke fühlen sich Regenwürmer und Pflanzen wohl.

2. Gartenabfälle gibt es nicht
Jeder pflanzliche Rohstoff verwandelt sich wieder in fruchtbare Erde. Fördern Sie dieses natürliche Recycling durch einen Komposthaufen, eine Kompostbox oder Komposttonne.

3. Nahrung für Regenwurm & Co.
Bodenpilze, Bakterien und Regenwürmer brauchen Futter in Form von Kompost, Stallmist oder Hornspänen. Diese organische Nahrung bereiten die Bodenlebewesen für die Pflanzen auf. Die Organismen ernähren sich von diesen Stoffen und erschließen so den Pflanzen eine langsam, aber kontinuierlich fließende Nährstoffquelle.

4. Gemüse im Fruchtwechsel
Bauen Sie starkzehrendes Gemüse wie Kartoffeln, Gurken oder Kohl zuerst an. Dann folgen Mittelzehrer, wie zum Beispiel Salate und Möhren. Schwachzehrendes Fruchtgemüse wie Bohnen und Erbsen schließt die Fruchtfolge ab. So nutzen Sie die Nährstoffe im Boden aus und hängen manchen Schädling ab.

5. Pflanzenpartnerschaft durch Mischkultur
Auch unter den Pflanzen gibt es Nachbarn, die sich gut oder schlecht vertragen. Gute Nachbarn fördern einander im Wachstum, halten sich gegenseitig Krankheiten und Schädlinge vom Leibe, locken Bienen zur Bestäubung der Blüten an oder verbessern das Aroma des benachbarten Gemüses.

6. Blüten locken Insekten an
Bienen, Hummeln, Wespen, Schwebfliegen, Florfliegen und andere Insekten bestäuben die Blüten der Obstbäume und vieler anderer Gartenpflanzen. Viele von diesen hilfreichen Insekten halten Blattläuse in Schach. Locken Sie diese Tiere mit Sommerblumen und Blütenstauden in Ihren Garten.

7. Samen und Beeren für Vögel
Unersättlich sind die frischgeschlüpften Vogelkinder im Nest. Die Eltern haben alle Schnäbel voll zu tun, um Nahrung herbeizuschaffen: Blattläuse und Raupen, die sie von unseren Obstbäumen, dem Gemüse und den Stauden picken. Pflanzen Sie Wildgehölze in Ihren Garten, von deren Samen und Beeren sich die Vögel im Winter ernähren können.

8. Frosch und Igel als ständige Gäste
Ein kleiner Tümpel, eine Trockenmauer oder Reisighecke bieten Fröschen und Kröten, Molchen und Unken, Eidechsen und Blindschleichen und dem Igel Unterschlupf. Denken Sie auch an Nistkästen, Bohrhölzer für Schlupfwespen und dicht verzweigtes Gebüsch, in dem Vögel vor anderen Tieren sicher sind.

9. Pflanzenschutz ohne Gift
In einem vielfältig lebendigen Garten treten Krankheiten an Pflanzen nur noch selten auf, werden nur wenige Tiere zum Schädling. Durch Schneckenzäune, Ohrwurmtöpfe, Pheromonfallen und Steinmehl läßt sich mancher unerwünschte Mitesser fernhalten. Selbstangesetzte Jauchen, Brühen und Tees stärken die Abwehrkräfte der Pflanzen und helfen, Blattläuse, Raupen, Milben und Pilzerkrankungen zu vertreiben.

10. Rundum ein gutes Gartenklima
Schützen Die Ihren Garten nach Norden durch eine dicht bepflanzten Erdwall oder eine Hecke und öffnen Sie ihn nach Süden. Ein Gartenteich trägt zu einer hohen Luftfeuchtigkeit bei. Wer den Pflanzen und Tieren Fürsorge und Liebe entgegenbringt, erfreut sich an einem rundum guten Gartenklima.
In einem so bewirtschafteten und gepflegten Biogarten erhalten wir die Fruchbarkeit auf Dauer. Er hat seine Reife erlangt, wenn er sich mit geringen menschlichen Eingriffen und Hilfestellungen aus eigenen Ressourcen selbst erhalten kann.

In einem geschützten Garten herrscht ein gutes Klima zum Wachsen.

Ein Boden voller Leben

Boden ist aus Stein gewachsen. Ursprünglich nackter Fels wird an seiner Oberfläche durch die wechselnden Einflüsse von Sonne und Regen, Hitze und Frost brüchig und bietet ersten Moosen und Flechten Halt und Nahrung.
Dieser spärliche Bewuchs verwandelt sich allmählich in eine dünne Humusschicht, auf der bereits größere Gewächse, wie zum Beispiel Mauerpfeffer wachsen können.
Die Pflanzen lösen mit ihren Wurzeln weitere Gesteinspartikel aus dem Fels und reichern die Oberfläche zunehmend mit ihren abgestorbenen Halmen und Blättern an. Mehr und mehr Mikropilze und Bakterien siedeln sich an, später folgten kleine Bodentiere, von denen Regenwürmer eine besonders wichtige Aufgabe übernehmen: Sie verbinden die von den anderen Lebewesen zerkleinerte Pflanzenmasse mit mineralischen Teilen zu sogenannten Ton-Humus-Komplexen. Diese Bodenkrümel bilden, mit Humus und Lehm vermischt, den Mutterboden. Von unten nach oben gesehen setzt sich ein natürlicher Boden zunächst aus dem Ausgangsgestein, dem aus Mineralien bestehenden Unterboden, dem Mutterboden und schließlich einer Humusauflage zusammen.

Bodenproben

Nehmen Sie eine Handvoll Erde und riechen Sie daran. Wenn die Erde nach Waldboden duftet, ist sie voller Lebewesen, Fäulnisgeruch deutet auf Sauerstoffmangel hin. Sandige Erde rieselt zwischen den Fingern hindurch, aus Lehm oder Ton können Sie Figuren formen. Ideal ist der Boden, wenn er zwischen den Fingern in lockere Krümel zerfällt.

Fingerprobe: Extrem bindiger Boden, wie z. B. Ton läßt sich mit den Händen formen (links). Sand rieselt zwischen den Fingern hindurch (unten).

Mit einem einfachen Farbindikator läßt sich der pH-Wert bestimmen.

Säuregehalt prüfen

Auf jeden Fall sollten Sie einen pH-Test durchführen. Der pH-Wert (pH = Potentia hydrogenii) zeigt den Säuregehalt des Bodens an. Von diesem Wert hängt es ab, in welchem Maße die Pflanzen Nährstoffe aufnehmen können. Liegt der pH-Wert extrem niedrig, zum Beispiel bei 4 oder extrem hoch bei 9, so stehen den Pflanzen nicht genügend Nährstoffe zur Verfügung. Die meisten Gartenpflanzen können sich bei Werten zwischen 6 und 7 ausreichend ernähren. Man bezeichnet pH 7 als »neutral«.

Wenn diese ersten einfachen Proben zu guten Ergebnissen führen, sind keine Korrekturen erforderlich. Andernfalls empfiehlt es sich, eine Bodenprobe an ein Analyseinstitut zu schikken. Es gibt einige private Labors, deren Untersuchungen oft gründlicher und deren Erläuterungen verständlicher und ausführlicher sind, als die der staatlichen Institute.

Gute humusreiche Muttererde hat eine locker-krümelige Struktur und vermag Wasser und Nährstoffe zu binden.

Harmonisches Bodenleben durch richtige Bearbeitung

Den Gartenboden umgraben oder nicht – das ist unter Biogärtnern eine viel diskutierte Frage. Nicht ohne Grund. Denn schließlich haben die Mikroorganismen und Regenwürmer in der Mutterbodenschicht ein Bodengefüge geschaffen. Im oberen Bereich liegen die Krümel lockerer als unten. Der Boden ist dort besser belüftet als beispielsweise in 20 Zentimetern Tiefe. Auch der Humusanteil ist im oberen Bereich höher als dort, wo Mutter- und Unterboden ineinander übergehen. So ist es ganz verständlich, daß sich Mikroflora- und Fauna in den unteren und oberen Schichten in unterschiedlichen Mengen und Arten zusammensetzen. Wer pflügt oder umgräbt, stellt diese unsichtbare Welt der Mikroorganismen im Boden schlagartig auf den Kopf. Die Lebewesen müssen sich erst einmal neu orientieren, bevor sie sich weitervermehren und ihre Aufgabe im Boden erfüllen können.

Wer einen Garten neu anlegt, kommt bei der ersten Bearbeitung meistens nicht ums Umgraben herum. Jeder Biogärtner kann aber seinen Gartenboden soweit pflegen, daß das Umgraben in Zukunft entfällt.

Es gibt aber auch eine Möglichkeit, den Boden tief zu lockern, ohne ihn umzugraben. Man sticht eine Grabegabel ganz einfach in den Boden und bewegt sie einmal vor und zurück und wiederholt dies im Abstand von wenigen Zentimetern hintereinander. Noch besser geht es mit der Doppelgabel. Sie hat vier Zinken, die in einer Arbeitsbreite von insgesamt 50 Zentimetern angeordnet sind. Mit dieser Gabel läßt sich der

Der Sauzahn ist das Universalgerät des Biogärtners zur Bodenlockerung.

Mit der Doppelgabel läßt sich auch schwerer Boden tiefgründig lockern, ohne daß man die Erdschollen wenden muß.

Boden leichter und schneller lockern als durchs Umgraben. Für die Lockerung eines nicht allzu verdichteten Gartenbodens ist der Sauzahn das ideale Gerät. Ziehen Sie den Sauzahn im Frühjahr tief und diagonal durch die Beetfläche und wiederholen anschließend den gleichen Vorgang in entgegengesetzten Richtung.
Mit dem Sauzahn können Sie auch ein Bodenverbesserungsmittel oder einen organischen Dünger einarbeiten. Alle Bodenverbesserungsmittel und Dünger werden niemals untergegraben, sondern immer nur mit der oberen Schicht vermischt, denn dort ist eine gute, feinkrümelige Bodenstuktur für den keimenden Samen und die heranwachsenden Pflanzen am wichtigsten.
Bei jahrelanger Bearbeitung und Bestellung des Bodens nimmt diese lockere, krümelige Mutterbodenschicht zu.

Gründlich vermischte Pflanzenreste, locker aufgeschichtet, verrotten in wenigen Monaten.

Nahrung für Regenwurm & Co.

Um den Boden lebendig zu erhalten, achtet der Biogärtner darauf, daß die Erde organische und mineralische Bestandteile in gleichem Maße enthält. Demgemäß fügt man einem Moorboden Lehm, Ton und Kalk hinzu, einem Ton- oder Lehmboden dagegen Humus. Ein sandiger Boden braucht sowohl lehmige als auch humose Zusätze. Einen lehmig-tonigen Boden lockert man sowohl mit Sand als auch mit Humus auf. Kalk verbessert die Bodenstruktur und ist ein wichtiger Pflanzennährstoff. Vor allem hebt er den pH-Wert an. Biogärtner verwenden milde wirkenden kohlensauren Kalk oder Algenkalk. Saure Böden müssen übrigens nicht bis ganz auf den Neutralpunkt gebracht werden. Viele Gemüsearten gedeihen auf leichten Sand- und Moorböden auch im schwachsauren Bereich, zum Beispiel bei einem pH-Wert von 5,5.

Vermischen Sie vor der ersten Aussat auf jungfräulichem Boden je nach Bedarf Kalk, Steinmehl, Sand oder Lehm mit Humus und streuen Sie diese Mischung auf dem zuvor tiefgründig gelockerten Erdreich aus. Anschließend mit dem Sauzahn in die obere Schicht einarbeiten.

Tonminerale und Gesteinsmehle verbessern in erster Linie die Bodenstruktur. In geringen Mengen enthalten sie wichtige Spurenelemente. Mit Tonmineralen kann man Sandböden verbessern. Sie speichern dann mehr Wasser.
Die winzigen Körnchen des Steinmehls lagern Nährstoffionen an, die sie für die Pflanzen bereithalten. Gesteinsmehle wirken größtenteils leicht alkalisch, verändern den pH-Wert des Bodens jedoch nicht wesentlich. Sie sind ein guter Kompostzusatz. Die Regenwürmer verbinden dort den Humus mit den feinen Gesteinspartikeln, zu sogenannten Ton-Humus-Komplexen.

Kompost

Unter den organischen Bodenverbesserungsmitteln steht der Kompost an erster Stelle.
Der beste Platz für einen Komposthaufen findet sich im lichten Schatten. An Materialien eignen sich Pflanzenabfälle aller Art, angetrockneter Grasschnitt, pflanzliche Küchenabfälle, Tee- und Kaffeesatz einschließlich gebrauchter Filtertüten, Wollabfälle, Haare, Papier und Pappe (sofern sie nicht bunt bedruckt sind), Stroh, Mist und Eierschalen.
Nicht auf den Kompost dürfen: Schalen von Zitrusfrüchten, gekochte Küchenabfälle, Fleischreste, mit Pilzkrankheiten befallene Pflanzen, bunt bedrucktes Papier (Illustrierte), Kunststoff, Glas, Metall, Chemikalien, Synthetikfasern.
Lockern Sie den Untergrund, damit die Mikroorganismen des Bodens auch in den Komposthaufen übergehen können.
Dann werden die Abfälle gründlich miteinander vermischt und locker aufgesetzt. Dabei können Kompoststarter, also Bakterienkulturen, Algenkalk, Gesteinsmehl oder die Reste eines bereits abgetragenen Komposthaufes ganz dünn zwischen die

Für kleine Gärten: eine einfache Kompostbox aus Brettern. Rankende Kapuzinerkresse spendet Schatten.

Regenwürmer erzeugen aus den Kompostabfällen das »schwarze Gold« des Biogärtners.

Lagen gestreut werden. Der Komposthaufen sollte immer mit Laub, Grasschnitt, Rohrmatten oder einer Gründüngung abgedeckt sein.
Das Umsetzen erübrigt sich meistens, da die Abfälle innerhalb eines Jahres verrotten. Kompostieren ist auch mit einer Komposthorde aus Kunststoff, Metall oder Beton möglich. Man sollte sie nicht über den Rand hinaus vollpacken. Wenn eine Box nicht ausreicht, stellt man daneben eine zweite auf. Eine weitere Möglichkeit bieten Komposttonnen aus Kunststoff. Achten Sie beim Kauf auf eine gute Belüftung der Tonne. Sonst sammelt sich Feuchtigkeit im Innern und die Abfälle können faulen. Stellen Sie Kompostbehälter auf einer gelockerten Fläche mit Bodenanschluß auf. Mischen Sie die Abfälle von Zeit zu Zeit mit einer Grabgabel oder einer Handhacke durch und geben Sie bei Feuchtigkeit Gesteinsmehl und bei Trockenheit mit feiner Brause Wasser hinzu. Zum Start des Kompostierprozesses in einer Tonne empfiehlt es sich, eine möglichst große Menge gleichartiger Abfälle, wie zum Beispiel Holzhäcksel oder Grasschnitt in die Komposttonne zu geben und Kompoststarter hinzu zu fügen. Ist der Verrottungsprozeß in Gang gekommen, so werden alle anderen Abfälle in die Tonne geworfen, so wie sie anfallen. Am Fuß der Komposttonne befindet sich eine kleine Tür, aus der Sie später die fertige Komposterde entnehmen können.
Gebrauchsfertig ist Kompost, wenn er zu Humus verrottet, aber noch nicht zu feiner Erde geworden ist. Dieser Humus ist noch reich an Nährstoffen und Bakterien und bereichert den Gartenboden am meisten.
Kompostwürmer, kann man auch ganz gezielt zur Produktion wertvoller Regenwurmerde einsetzen, zum Beispiel in einem Regenwurmwanderkasten oder einer Regenwurmkiste. Haben sich die Kompostwürmer darin einmal reichlich vermehrt, so produzieren sie fortlaufend Regenwurmhumus.

Mist

Wer die Gelegenheit hat, von einem Bauern Stalldung zu bekommen, sollte zugreifen. Ideal ist Mist direkt von einem Biobauen. Man streut den Stalldung im Herbst als dünne Mulchdecke auf dem Boden aus und kann ihn dann im darauffolgenden Frühjahr einarbeiten. Frischen Mist sollte man kompostieren, bis er zu vererden beginnt.

Rindenhumus

Wer noch keinen fertigen Kompost hat, und auch keinen Mist bekommen kann, sollte Rindenhumus als Bodenverbesserer nehmen. Es handelt sich dabei um Rinde, die von gefällten Bäumen im Wald geschält wurde und in unterschiedlicher Form im Handel angeboten wird, nämlich als Rindenmulch, Rindenhumus und Rindensubstrat. Rindenmulch enthält noch die natürlichen Gerbsäuren und eignet sich deshalb nur zum Mulchen unter Gehölzen oder als Abdeckung für Gartenwege. Als Bodenverbesserer kommt nur Rindenhumus infrage. Er enthält keine Gerbsäuren mehr. Sein pH-Wert liegt im neutralen Bereich.

Warum keinen Torf?
Torf ist ein knapp werdender Rohstoff, der aus wertvollen, seltenen Moorbiotopen abgebaut wird. Torf ist extrem sauer (pH 3) und im trockenen Zustand wasserabweisend.

Laub
Wer einen alkalische Boden in annähernd neutrale pH-Bereiche bringen will, sollte, wenn möglich, Laub gesondert kompostieren und diesen schwach sauren Kompost zur Bodenverbesserung verwenden.

Gründüngung
Bestimmte Pflanzen helfen uns, den Boden zu lockern. Sie beschatten und reichern ihn mit Nährstoffen an. Ihren gezielten Anbau nennt man Gründüngung. Sie kann bei vielen Bodenproblemen helfen. Einige zur Gründüngung einsetzbare Pflanzen lassen sich bestimmten Zwecken zuordnen, zum Beispiel einem bindigen Boden. Er besteht aus Lehm oder Ton. Ein solcher Boden muß locker und krümelig gemacht werden, damit darauf etwas gedeihen kann. Kreuzblütler wie Senf und Ölrettich haben starke, tiefreichende Wurzeln, die diesen Boden lockern. Sie sollten aber nie vor Kohl ausgesät werden, da sonst die Gefahr besteht, daß Kohlhernie, eine gefürchtete Wurzelerkrankung, übertragen wird.
Quecken und andere stark wurzelnde Unkräuter treten überall auf, wo das Bodengefüge gestört ist. Man kann sie mit der Zeit verdrängen, indem man *Phacelia* aussät, die ebenfalls in der Lage ist, mit ihren Wurzeln starke Bodenverdichtungen zu durchbrechen.
Starkzehrendes Gemüse wie Kartoffeln, Kohl, Gurken, Kürbis, Zucchini oder Tomaten brauchen eine gute Versorgung mit Stickstoff. Hülsenfrüchte (Leguminosen) leben mit den sogenannten Knöllchenbakterien in Symbiose, die Stickstoff aus der Bodenluft binden und den Pflanzen zuführen. Mäht man die Leguminosen ab, so kommt der Stickstoff den nachfolgenden Starkzehrern zugute.
Nematoden im Boden können zum Beispiel Kartoffeln großen Schaden zufügen. Säen Sie Tagetes und Ringelblumen, die mit ihren stark riechenden Ausscheidungen die Nematoden vertreiben.
Wenn die Gründüngung ihre Schuldigkeit getan hat, mäht man sie einfach ab. Im Herbst kann sie als Mulchdecke auf dem Boden liegenbleiben.

Phacelia verdrängt hartnäckige Wurzelunkräuter und ist eine wertvolle Bienenweide. Man sollte sie so früh wie möglich aussäen.

Gründüngung

Bodenzustand	Verbesserungsziel	Aussaattermin	Gründüngungspflanzen	Begründung, Bemerkungen
verschlämmt überdüngt, verunkrautet	Lockerung, Nährstoffabbau, Unkraut zurückdrängen	März bis Mai	Kartoffeln	Kartoffeln lockern den Boden, beschatten ihn, fördern das Bodenleben und bauen Nährstoffüberschüsse ab. Empfehlenswert auf ehemals intensiv genutztem Ackerland
			Kapuzinerkresse	Bedeckt schnell den Boden, verdrängt Unkraut.
leicht bis mittelschwer, mit Quecke Giersch, Ackerwinde	Unkraut verdrängen	April bis Juni	Phacelia oder Sonnenblumen	Blumen mit starkem Wurzelwerk drängen Wurzelunkraut zurück. Gute Bienenweide.
Durch Baustelle verdichteter lehmiger Boden	tiefgründige Lockerung	März bis August	Luzerne	Luzerne hat tiefreichende Wurzeln und sammelt Stickstoff
		April bis September	Ölrettich	Kreuzblütler mit kräftigen Pfahlwurzeln.
sandig bis lehmig, leicht sauer, nährstoffarm	besseres Speichervermögen von Wasser und Nährstoffen, Stickstoffgehalt erhöhen	April bis Mai	Gelbe Lupine	Stickstoffsammler mit starkem Wurzelwerk, für sauren Boden.
			Blaue Lupine	Für schwachsauren Boden.
lehmig schwach sauer bis neutral	bessere Durchlüftung und Verfügbarkeit von Nährstoffen	Mai bis September	Inkarnatklee	Stickstoffsammler, winterhart, gute Bienenweide.
mittelschwer, schwach sauer bis leicht alkalisch	Lockerung und Durchlüftung der oberen Schicht	Mai bis Juli	Perserklee	Stickstoffsammler, reich verzweigtes Wurzelwerk, Bienenweide.
schwerer bis verdichteter Boden, pH-neutral	gründliche Lockerung auch tieferer Schichten	April bis September	Weißer Steinklee	Stickstoffsammler, Tiefwurzler, bildet viel Humus, vertreibt Mäuse.
nährstoffarmer, sonst lockerer, trockener Gartenboden	Nährstoff- und Humuszufuhr, Wasserspeicherung verbessern	März bis Mai	Puffbohne	Stickstoffsammler, tiefe Durchwurzelung, schnell verrottendes Kraut zur Humusbildung.
mittlerer bis schwerer Boden, alkalisch	Lockerung, Ausgleich n. einseitiger Bewirtschaftung	März bis September	Gelbsenf	Kreuzblütler, nicht vor Kohl aussäen, reichverzweigtes Wurzelwerk, macht Boden krümelig.
kalkhaltiger, mittelschwerer Boden	Lockerung, Bodendecke	August bis September	Winterraps	Kreuzblütler, nicht vor Kohlarten aussäen, winterhart.
Nematoden im Boden	Nematoden vertreiben	April bis Mai	Tagetes und Ringelblumen	Beide vertreiben mit Wurzelausscheidungen Nematoden.

Ein reger Fruchtwechsel

Alle Pflanzen nehmen Nährstoffe aus dem Boden auf, die sie zum Leben brauchen. Sie geben aber auch Stoffe an den Boden ab. Den nachfolgenden Pflanzen kommen diese Stoffe zugute. Spinat beispielsweise hinterläßt Ausscheidungen, die alle benachbarten und nachfolgenden Pflanzen im Wachstum fördern. Nur Pflanzen derselben Art vertragen ihre Ausscheidungen nicht. Es gibt eine Ausnahme: Tomaten. Erfahrungen von Biogärtnern zeigen, daß Tomaten am besten immer an derselben Stelle gedeihen.
Wir können die Einflüsse der Vorgängerpflanzen nutzen: Hülsenfrüchte (Leguminosen) sammeln Stickstoff, der wiederum den nachfolgend angebauten anspruchsvollen Gemüsearten wie Kartoffeln, Gurken, Zucchini oder Kohl zur Verfügung steht.
Ein wichtiger Grund für eine gut aufeinander abgestimmte Fruchtfolge ist die gründliche Ausnutzung der Nährstoffe im Boden. Salate, Möhren und andere Wurzelgemüse vertragen keinen frisch gedüngten Boden, und für schwachzehrendes Gemüse reicht, was die Mittelzehrer hinterlassen haben, völlig aus. Daraus ergibt sich, daß auf einem frisch mit Mist oder organischem Handelsdünger versorgtem Beet die Gemüsearten mit dem größten Nährstoffhunger angebaut werden: Kartoffeln, Kürbis, Gurken, Porree, Zucchini und alle Kohlarten. Wir bezeichnen diese Gemüsearten als Starkzehrer. Gemüse mit einem weniger großen Hunger werden Mittelzehrer genannt. Zu ihnen gehören Möhren, Rettich und Radieschen, Schwarzwurzeln und Pastinaken sowie alle Salate. Als Schwachzehrer bezeichnet man schließlich Bohnen und Erbsen sowie Kräuter und Sommerblumen.
Mit Hilfe der Fruchfolge lassen sich auch manche Pflanzenkrankheiten und Schädlinge in Schach halten. Denn sie sind alle immer nur auf eine Pflanzenart oder Pflanzenfamilie spezialisiert. Ist also eine Gemüseart stark von einer Pilzkrankheit befallen, so besteht die Gefahr, daß sich diese Krankheit überträgt, wenn man an-

schließend dieselbe Art oder einen Vertreter aus der gleichen Familie wieder auf demselben Beet anbaut. Wählt man jedoch ganz bewußt ein Gemüse, daß von dieser Pilzkrankheit nicht befallen wird, so haben die Erreger dieser Krankheit in der nachfolgenden Vegetationsperiode keine Chance. Ein Beispiel: Kohlhernie, eine gefürchtete Wurzelkrankheit bei allen Kohlarten, die auch durch einige andere Kreuzblütler übertragen wird. Man sollte sicherheitshalber auf jeden Fall vermeiden, daß innerhalb der Fruchtfolge eine Kreuzblütlerart der anderen folgt oder neben ihr angebaut wird.

Kartoffeln und Tagetes bieten sich als Vorkultur an (links). Stark-, Mittel- und Schwachzehrer sind hier in geordneter Folge angebaut (oben).

Fruchtwechsel-Praxis

Stimmen Sie Ihre Anbauplanung auf den Boden und das regionale Klima ab. In ungünstigen Lagen ist es oft erst im Mai möglich, mit den ersten Aussaaten zu beginnen, während man beispielsweise im milden Weinbauklima zu dieser Jahreszeit oft schon den ersten Salat ernten kann. So lassen sich in milden Klimagebieten drei bis vier Ernten von einem Beet erzielen, während Biogärtner in Gebieten mit rauhem Klima froh sind, wenn sie innerhalb eines Jahres ihre Beete zweimal bestellen können.

Ein anderer wichtiger Anhaltspunkt ist der Boden. Ein lehmig-humoser Boden enthält mehr Nährstoffreserven und ist auch in der Lage, mehr Nährstoffe zu speichern als ein karger Sandboden. Deshalb kann die Einteilung des Gemüses in Stark-, Mittel- und Schwachzehrer nur eine grobe Orientierungshilfe sein. So können sich beispielsweise Kartoffeln auf einem guten Boden als Mittel-

Möhren: ein typischer Mittelzehrer. Die Wurzeln tragen zur Lockerung des Bodens bei und erschließen Nährstoffreserven in tieferen Schichten.

zehrer entpuppen oder Spinat und Feldsalat im Spätsommer nach Mittelzehrern ohne zusätzlich Kompostgabe ausgesät werden. Auch die Kohlarten, die in der zweiten Jahreshälfte angebaut werden und in den Winter hineinwachsen, wie zum Beispiel Grünkohl und Rosenkohl brauchen nicht mehr so viele Nährstoffe wie im Frühjahr angebauter Weiß- und Rotkohl. Stangenbohnen kommen dagegen auf einem Sandboden ohne zusätzliche Nährstoffzufuhr nicht aus, denn Sie brauchen Nahrung für ihr kräftiges Wachstum. Auf normalem Gartenboden empfiehlt sich ein dreijähriger Fruchtwechsel, bei dem die Beete im ersten Jahr gedüngt und mit Starkzehrern bebaut werden. Im zweiten Jahr arbeitet man lediglich Kompost ein und baut Mittelzehrer an und im dritten Jahr entfällt jegliche Düngung; Leguminosen kommen aufs Beet und sammeln selber Stickstoff. Wer genügend Platz hat, kann im vierten Jahr Blumen oder Kräuter anbauen oder Gründüngung aussäen und auf diese Weise dem Boden eine Ruhepause gönnen.

Wechseln Sie auch innerhalb der Gruppen ab, das heißt, lassen Sie, wenn nach drei Jahren auf ein und demselben Beet Starkzehrer an der Reihe sind, eine andere Art folgen, beispielsweise wo vor drei Jahren Kohl gewachsen ist, bauen Sie Gurken an.

Gemüse kann auch helfen, den Boden zu lockern. Wechseln Sie mit flach- und tiefwurzelnden Gemüsearten nacheinander ab. Lassen Sie beispielsweise auf Möhren Spinat folgen.

Andere Gemüsearten vertragen die Ausscheidungen ihrer Vorgänger nicht. So sollte man zum Beispiel nach Rettich niemals Salat oder Spinat anbauen und Möhren nicht nach Rosenkohl und Spargel. Umgekehrt gedeihen Möhren gut nach Zwiebeln. Rettich wächst gut auf ehemaligen Spargelbeeten.

Auch Dauerkulturen wie Erdbeeren und Spargel oder stark wachsendes Gemüse wie Kürbis oder Kartoffeln sollten Sie bei einer langfristigen Fruchtfolgeplanung mit einbeziehen. Tomaten erhalten ein feststehendes Beet an einem möglichst sonnigen und geschützten Platz. Zeichnen Sie am besten einen Grundrißplan mit allen Ihren Beeten darauf. Notieren Sie auf dem ersten Beet einen Starkzehrer, auf dem zweiten einen Mittelzehrer und auf dem dritten Beet einen Schwachzehrer. Danach folgen Blumen, Kräuter oder Gründüngung und dann folgt wieder ein Starkzehrer. Dieses Schema können Sie auf beliebig vielen Beeten fortsetzen. In der nächsten Anbauphase bauen Sie, wo Starkzehrer standen Mittelzehrer an und wo Mittelzehrer waren, Schwachzehrer. Die einmal geschaffenen Kombinationen können Sie immer wieder verwenden, wobei sie sich in jeder Anbauphase um ein Beet verschieben. Hilfreich ist ein Gartentagebuch, in dem Sie alle Aussaat-, Pflanz- und Erntetermine festhalten, Aufzeichnungen über das Wetter machen und die Gemüsesorten notieren, denn die sind für Ihre persönlichen Gartenerfahrungen ganz besonders wichtig. Fruchtfolgen müssen nicht immer genau auf das Kalenderjahr beschränkt sein. Der Garten kann ja durchgehend übers Jahr bestellt werden. So kann der Grünkohl den Winter überdauern und im Frühjahr folgt eine Mittelzehrerkultur. Ebenso kann der Feldsalat die Fruchtfolge abschließen, bevor das Beet im Frühjahr wieder für die Starkzehrer aufbereitet wird. Wichtig ist die richtige Sortenwahl, denn von vielen Gemüsearten, gibt es Sorten, die sich für den sehr zeitigen Anbau im Frühjahr, für den späteren Anbau im Sommer und für den Herbst oder gar die Überwinterung eignen.

Entwerfen Sie ein einfaches Fruchtfolgeschema, in dem Beet für Beet Stark-, Mittel- und Schwachzehrer einander abwechseln. Notieren Sie im ersten Jahr genau alle Aussaat-, Pflanz- und Erntetermine. Diese Erfahrungen können Sie im nächsten Jahr verwerten und mit der Zeit den Platz rund ums Jahr nutzen. Später können Sie die geeigneten Mischkulturpartner in die Fruchtfolge einordnen.

Erbsen brauchen keine zusätzliche Nährstoffzufuhr. Mit Hilfe der Knöllchenbakterien sammeln sie Stickstoff.

Fruchtfolgeplan

Die folgenden vier Vorschläge zur Planung der Fruchtfolge ist auf dem System Starkzehrer, Mittelzehrer, Schwachzehrer aufgebaut. Aufgrund der Aussaattermine und der unterschiedlich langen Kulturdauer läßt sich diese Reihenfolge nicht immer genau einhalten. Auch die unterschiedlichen klimatischen Verhältnisse müssen berücksichtigt werden. Diese Vorschläge können also nur als Anregung dienen. Den Ausgangspunkt bildet immer jeweils ein Starkzehrer, dem denn Mittel- und Schwachzehrer folgen.

Ausgangskultur: Kartoffeln

Monat	1. Jahr	2. Jahr	3. Jahr
Januar	Gründünger vom Vorjahr	Mulch	Mulch
Februar			
März	Frühkartoffeln		Erbsen
April		Kopfsalat	
Mai			
Juni		Möhren	Kohlrabi
Juli	Buschbohnen		
August			Feldsalat
September			
Oktober			
November	Mulch	Mulch	
Dezember			

Auf dem im vorigen Jahr mit Gründüngung versorgten Beet werden im ersten Jahr Frühkartoffeln angebaut. Sie sind im Juni geerntet. Buschbohnen als Gemüse mit kurzer Kulturdauer und als Stickstoffsammler bieten sich als Nachkultur an. Man schneidet sie nach der Ernte ab und läßt ihr Kraut als Mulchdecke bis zum nächsten Frühjahr liegen. Auf dem so versorgten Boden kann ab April Kopfsalat gepflanzt werden, der bis Ende Mai, Anfang Juni abgeerntet ist. Danach bieten sich späte Möhren als langzeitige Kultur an, die bis in den November hinein halten. Danach wird der Boden gelokkert und gemulcht. Erbsen bringen im dritten Frühjahr einen Teil der verbrauchten Stickstoffvorräte wieder zurück. Mit zusätzlichen Kompostgaben und Brennesseljauche gedeiht ab Juni Kohlrabi auf diesem Beet, der bis Ende August abgeerntet ist. Feldsalat bedeckt den Boden bis in den Winter hinein.

Auf Wegen und zwischen den Pflanzen sollte der Boden nie unbedeckt bleiben. Hier wird mit Rinde gemulcht.

Ausgangskultur: Weißkohl, Rotkohl oder Wirsingkohl

Monat	1. Jahr	2. Jahr	3. Jahr
Januar	Leguminosen-Gründüngung vom Vorjahr	Mulch	Winterportulak
Februar			
März		Möhren	
April	Weiß-, Rot- oder Wirsingkohl		Stangenbohnen
Mai			
Juni			
Juli			
August			
September		Winterportulak	Spinat
Oktober			
November			
Dezember	Mulch		

Auf diesem Beet sind Gemüsearten mit langer Wachstumsdauer angesiedelt. Im Vorjahr wurden noch Leguminosen gesät (z.B. Inkarnatklee), die einiges an Stickstoff gesammelt haben. Ab April kann Kohl gepflanzt werden, der das Beet bis in den November hinein in Anspruch nehmen kann. Nach der Ernte schützt man den Boden im Winter mit einer dikken Mulchschicht. Im März des nächsten Jahres werden frühe Möhren gesät, die etwa gegen Ende Juli, Anfang August abgeerntet sind. Anschließend bedeckt Winterportulak das Beet bis ins nächste Frühjahr hinein. Mit ein wenig frischer Kompostversorgung können ab April Stangenbohnen auf dem Beet angebaut werden. Sie sammeln ebenfalls Stickstoff, der als Vorrat auf jeden Fall für den im September ausgesäten Spinat ausreicht. Dieser bedeckt den Boden bis ins nächste Frühjahr hinein.

Wirsingkohl ist ein Starkzehrer mit langer Kulturdauer. Er verträgt Frost und hält sich bis in den Winter hinein.

Winterportulak, im Herbst des vorigen Jahres gesät, hält den Boden bis ins Frühjahr hinein bedeckt. Im Mai können Gurken als erste Starkzehrer gesät werden. Die letzten Früchte sind im September abgeerntet, so daß im Oktober noch Feldsalat gesät werden kann, der sich aber erst im darauffolgenden Frühjahr richtig entwickelt. Gegen Ende April kommen Rote Bete als Mittelzehrer aufs Beet. Spinat bedeckt den Boden ab Oktober als Winterkultur. Im März werden noch zwischen den Spinat die Dicken Bohnen gelegt. Sie sind bei frühzeitiger Aussaat im Juni abgeerntet und haben genügend Nährstoffe für den nachfolgenden Chinakohl gesammelt. Wenn dieser Kohl im Spätherbst abgeerntet ist, bleibt nur noch, den Boden mit einer Mulchschicht zu bedecken.

Ausgangskultur: Gurken

Monat	1. Jahr	2. Jahr	3. Jahr
Januar	Winterportulak überwintert	Feldsalat	Spinat
Februar			
März			Puffbohnen
April		Rote Beete	
Mai	Gurken		
Juni			Chinakohl
Juli			
August			
September		Spinat	
Oktober	Feldsalat		
November			Mulch
Dezember			

Gurken, hier die Sorte 'Vorgebirgstrauben' brauchen viel Wasser und Nährstoffe (rechts), Rote Bete stellen als Mittelzehrer mäßige Ansprüche (ganz rechts).

Ausgangskultur: Porree

Monat	1. Jahr	2. Jahr	3. Jahr
Januar	Porree (Aussaat August vorigen Jahres)	Mulch	Mulch
Februar			
März		Erbsen	Puffbohnen
April			
Mai	Radieschen		
Juni		Zuckermais	Rosenkohl oder Grünkohl
Juli			
August	Salat (Sommersorten)	Winterrettich	
September			
Oktober			
November	Mulch		
Dezember		Mulch	

Auf diesem Beet wurde die starkzehrende Ausgangskultur, der Porree, bereits im August des vorigen Jahres gesät. Er ist bis Mai geerntet. Als kurze Zwischenkultur können Radieschen aufs Beet gesät werden, danach pflanzt man die Sommersorten des Kopfsalats, deren Ernte sich bis in den November hineinziehen kann. Abschließend wird das Beet mit einer Mulchschicht bedeckt. Je nach Witterung können gegen Ende März bereits Erbsen gesät werden, die Stickstoff für den nachfolgenden Zuckermais gesammelt haben. Im August ist der Mais abgeerntet; Winterrettich tritt an seine Stelle, der sich noch bis in den Dezember hinein halten kann. Danach bedeckt wieder Mulch das Beet. Ab März sammeln wieder Puffbohnen Stickstoff für den nachfolgenden Winterkohl, also Rosenkohl oder Grünkohl.

Porree, auch Lauch genannt, braucht nährstoffreichen Boden.

Salate gibt es in vielen Sorten. Für Augen und Gaumen ist 'Lollo rossa' (unten) ein Genuß. Er gedeiht mit nicht allzu großem Nährstoffhunger.

Mischkulturen

Mit Mischkulturen nutzen wir unseren Beetflächen bestens aus. Zwischen den Reihen der Hauptkulturen bleibt immer genügend Platz für schnellwachsendes Gemüse, das erntereif ist, noch bevor sich Kohl, Gurken oder Kartoffeln ausbreiten. So wird der Boden bedeckt und bleibt beschattet länger feucht, als nackte Erde. Die Kleinstlebewesen danken es, indem sie Nährstoffe im Boden mobilisieren und die Gemüsepflanzen reichlich damit versorgen. Wind, Austrocknung des Bodens, Schlagregen und Kälte können manche empfindliche Gemüsearten in ihrem Wachstum stocken lassen. Durch eine geschickte Anordnung der verschiedenen Gemüsearten bei der Mischkultur lassen sich die Unbilden der Witterung mildern, und man kann sogar auf kleinstem Raum ein günstiges Klima schaffen, das schließlich allen Gemüsepflanzen zugute kommt. Frühe Kohl- und Salatsorten können, an den Beetrand gepflanzt, der jungen Saat empfindlicher Arten Schutz vor Kälte und Wind bieten. Auch Erbsen und Stangenbohnen geben einen guten Windschutz ab. Weniger Wind bedeutet, daß der Boden nicht so leicht austrocknet. Außerdem kommt in windgeschützter Lage den Pflanzen das aus der Gartenerde aufsteigende Kohlendioxid zugute, das die Pflanzen zu ihrem wichtigsten Lebensvorgang, der Photosynthese brauchen.

Je bunter die Vielfalt gut kombinierter Gemüse- und Blumenarten, desto gesünder wachsen die Pflanzen heran.

Günstige Wirkungen von Gemüsepflanzen und Kräutern bei Mischkulturen

Pflanze	Nachbarpflanze	Wirkungsweise
Basilikum	Gurken	lockt die Gurkenblüten bestäubenden Insekten an, beugt gegen Mehltau vor
	allgemein	wehrt Fliegen ab
Bohnenkraut	Bohnen	wehrt die Schwarze Bohnenlaus ab
Dill	Gurken, Kohl, Möhren, Rote Bete	stärkt die Widerstandsfähigkeit dieser Nachbarpflanzen, fördert die Keimfähigkeit nahezu aller neben ihm ausgesäten Samen
Kapuzinerkresse	Obstbäume, Brokkoli	lockt Blattläuse an und hält sie von diesen beiden Nachbarn fern
Kerbel	Salat	vertreibt Ameisen und Blättläuse und beugt Mehltau vor
Kümmel	Kartoffeln	trägt zu einem guten Aroma der Kartoffelknollen bei
Knoblauch	Beerenobststräucher, Erdbeeren, Gurke, Möhre, Obstbäume, Salat, Schwarzwurzeln, Tomaten	bewahrt die Nachbarpflanzen vor Pilzkrankheiten und hält Mäuse fern, verträgt sich außer mit Bohnen, Erbsen und Kohl mit allen Gartenpflanzen
Kohl (Kohlrabi)	Sellerie, Tomaten	beugt Sellerierost und Blattfleckenkrankheit bei Tomaten vor
Lavendel	Rose	wehrt Blattläuse an Rosen ab, vertreibt Ameisen
Meerrettich	Pfirsichbaum	wirkt gegen Kräuselkrankheit
	Kartoffeln	vertreibt Kartoffelkäfer
Möhre	Porree, Zwiebel	wehrt Lauchmotte und Zwiebelfliege ab
Porree	Erdbeeren	beugt Schimmelkrankheiten vor
	Möhren	wehrt Möhrenfliege ab
Puffbohne	Gurken, Kartoffeln, Kohl Sellerie, Tomaten	sammelt Stickstoff, der auch den Nachbarpflanzen zugute kommt
Ringelblume	Kartoffeln, Tomaten	wehrt Nematoden ab
Salat	Kohl, Radieschen, Rettich	hält Erdflöhe von den Nachbarpflanzen fern
Sellerie	Kohlgewächse	hält Kohlweißling fern
Spinat	alle Gemüsearten	fördert durch seine Wurzelausscheidungen (Saponine) jede benachbarte Pflanze im Wachstum
Tagetes	Kartoffeln, Tomaten	wehrt Nematoden ab
Tomate	Kohlgewächse	hält Kohlweißling fern
Wermut	Johannisbeeren	beugt Säulenrost vor
Zwiebeln	Möhren	hält Möhrenfliege fern

Es gibt viele gute und einige schlechte Nachbarn unter den Gemüsearten. Die Kunst der Mischkultur besteht darin, ungünstige Nachbarschaften zu vermeiden und die günstigen gegenseitigen Beeinflussungen der Pflanzen untereinander so gut wie möglich zu nutzen.
Pflanzen sondern über der Erde allerlei Duftstoffe, ätherische Öle ab; im Boden scheiden sie mit ihren Wurzeln sogenannte Phytonzide aus. Bei schlechten Nachbarn können diese Ausscheidungen bewirken, daß das benachbarte Gemüse im Wachstum behindert wird. Gute Nachbarn fördern sich gegenseitig durch Phytonzide.
Spinat sendet noch einen anderen Wirkstoff, nämlich Saponin aus, der sich auf alle benachbarten Pflanzen wohltuend auswirkt. Spinat eignet sich deshalb überall als Mischkulturpartner.
Einige Körner Dill in die Saatreihen von Salat, Gurken und anderen Gemüsesamen gestreut, fördert das Auflaufen des Samens und die rasche Entwicklung der Keimlinge.
Mischkulturen sind ein wichtiger Bestandteil des biologischen Pflanzenschutzes. Denn richtig zusammengestellt, lassen sie kein Insekt zum Schädling werden und geben Krankheiten kaum eine Chance. So halten Zwiebeln von benachbarten Möhren die Möhrenfliege fern und die Möhren wiederum die Zwiebelfliege. Die Kapuzinerkresse zieht Blattläuse an und hält sie von den Obstbäumen ab, wenn man sie auf die Baumscheiben pflanzt.
Eingestreute Blütenkräuter wie Borretsch und Basilikum locken Bienen und andere Insekten an, die die Bestäubung fördern und ebenfalls Blattläuse vertilgen.
Manche Kräuter verbessern sogar das Aroma der benachbarten Gemüsearten.

Mischkultur-Praxis

Zunächst einmal müssen Sie die Ansprüche an Wasser und Nahrung, Licht und Wärme sowie die Wüchsigkeit der Pflanzen berücksichtigen. Überlegen Sie also, welche schneller reifende Gemüsearten Sie Gurken, Tomaten, Kartoffeln oder Kohl zugesellen können, die erntereif sind, bevor sich die Hauptkultur in voller Größe entwickelt hat. Denken Sie daran, daß es tief- und flachwurzelnde Pflanzen gibt, die nebeneinander wachsen und gegenseitig den Boden lockern können. Und planen Sie die Gemüsearten nicht zu dicht nebeneinander ein.

Kombination von Fruchtfolge und Mischkultur

Sicher suchen Sie in jedem Fall die Gemüsearten nach Ihren Wünschen und Ansprüchen aus. Aus dieser Wahl listen Sie alle Starkzehrer in der Reihenfolge ihrer Aussaat- und Pflanztermine auf. Suchen Sie nun, abgestimmt auf die gleichen Saattermine, die dazu passenden Mischkulturpartner aus. Meistens haben diese Begleitpflanzen eine kürzere Wachstumsdauer als die Hauptkultur. Deshalb ermitteln Sie anschließend, welche andere Gemüseart folgen kann. Liegt der Aussaat- oder Pflanztermin der Hauptkultur bereits im März, so ist sie vielleicht im Juli abgeerntet und kann durch eine Art ersetzt werden, die in den Winter hineinwächst. Beginnt die Hauptkultur erst nach den Eisheiligen im Mai, so ist zu überlegen, welche Kultur vorher gesät werden kann.
Nach einer Starkzehrerkultur folgen die Mittelzehrer und dann kommen die Schwachzehrer.
Geübte Mischkulturgärtner kümmern sich gar nicht mehr so sehr um die Einhaltung der Fruchtfolge. Sie versorgen die einzelnen Gemüsereihen und kombinieren manchmal bewußt Starkzehrer mit Schwachzehrern. So kann die Nachbarschaft von Leguminosen für die Starkzehrer von Vorteil sein.

Wählen Sie unter den Stark-, Mittel- und Schwachzehrern jeweils eine Hauptkultur aus, die in der Mitte des Jahres gedeiht, am meisten Platz einnimmt und die längste Zeit zum heranwachsen in Anspruch nimmt. Diesen Hauptkulturen gesellen Sie dann die geeigneten Nachbarn sowie Gemüsearten zu Vor- und Nachkultur hinzu.

Partner für die Mischkultur

	Bohnen	Endivien	Erbsen	Erdbeeren	Fenchel	Gurken	Kartoffeln	Knoblauch	Kohlarten	Kohlrabi	Kopfsalat	Lauch	Mais	Mangold	Meerrettich	Möhren	Pflücksalat	Radieschen, Rettich	Rote Bete	Schwarzwurzeln	Sellerie	Spargel	Spinat	Tomaten	Zichoriensalat	Zucchini	Zwiebeln
Bohnen			○		○	×	×	○	×	×	×	○		×	×		×	×	×		×			×		○	
Endivien	×				×				×	×		×						×						×		×	
Erbsen	○				×		○	○	×	×	×	○				×		×						○			
Erdbeeren								×	×		×	×						×					×			×	
Fenchel	○	×	×			×					×						×							○	×		
Gurken	×				×			×	×		×							○	×					○		×	
Kartoffeln			○						×	×			×		×						○		×	○			
Knoblauch	○		○	×		×			○							×								×			
Kohlarten	×	×	×	×	×	×	×	×			×	×		×			×	×	×		×		×	×		○	
Kohlrabi	×		×				×					×						×	×	×	×	×		×			
Kopfsalat	×		×	×	×	×			×			×	×					×	×	×	○	×		×	×	×	
Lauch	○	×	○	×					×	×	×					×			○	×	×			×			
Mais											×								○		○			×			
Mangold									×							×		×	○								
Meerrettich							×																				
Möhren			×					×				×		×			×	×		×				×	×	×	
Pflücksalat					×				×									×	×					×			
Radieschen, Rettich	×		×	×		○			×	×	×			×		×	×						×	×		○	
Rote Bete	×					×	○	×	×	×		○	○				×									×	×
Schwarzwurzeln										×	×	×					×										
Sellerie	×					×	○		×	×	○	×	○											×			
Spargel						×		○			×						×							×		○	
Spinat	×			×			×	×	×	×								×			×			×			
Tomaten	×		○		○	○	○	×	×	×	×	×	×			×	×	×	×		×		×		×	×	
Zichoriensalate	×				×						×					×								×			
Zucchini	×												×						×							×	
Zwiebeln	○		○	×		×			○		×					×		○	×	×					×		×

x = gute Nachbarschaft o = schlechte Nachbarschaft kein Symbol = neutral

Weißkohl
1. Jahr

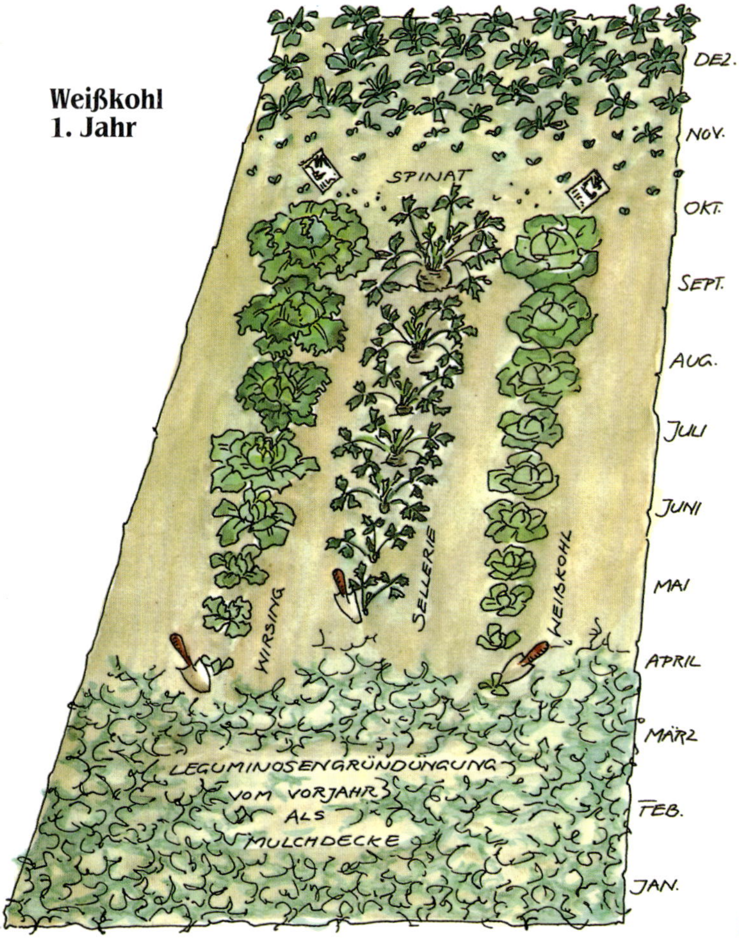

Weißkohl
2. Jahr

Ausgangskultur Weißkohl oder Wirsingkohl

Kohl und Sellerie bilden eine klassische Mischkultur-Gemeinschaft. Denn Kohl schützt den Sellerie vor Sellerierost und der Geruch der Sellerie vertreibt den Kohlweißling. Beide Gemüsearten sind Starkzehrer. Empfehlenswert ist eine Gründüngungssaat mit Leguminosen im Herbst des Vorjahres, die im Winter abfriert und als Mulchdecke liegenbleibt. Gegen Ende September dürfte der Kohl größtenteils abgeerntet sein. An seiner Stelle empfiehlt sich eine breitwürfige Spinatsaat bis dicht an den noch bis Ende Oktober verbleibenden Sellerie heran. Der Spinat bedeckt den Boden bis ins nächste Frühjahr hinein.

Mittelzehrer

Wurzelgemüse mit mittlerem Nährstoffbedarf beherrschen dieses Beet. Möhren vertreiben die Zwiebelfliegen und Zwiebeln die Möhrenfliege. Einige Samenkörner Dill fördern die Keimung des Möhrensamens. Möhren brauchen mehr Feuchtigkeit als Zwiebeln. Deshalb werden die Steckzwiebeln außen am Beet gepflanzt, wo es trockener und luftiger ist, während die Feuch-

Weißkohl
3. Jahr

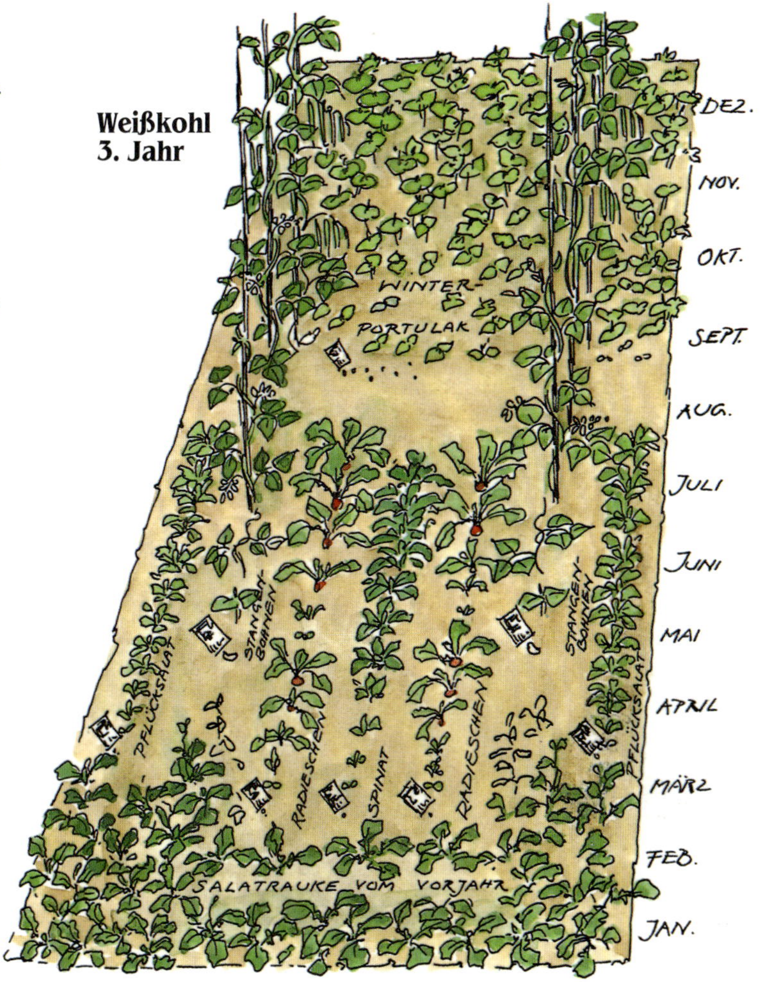

tigkeit für die Möhren in den inneren Reihen länger vorhält. Schwarzwurzeln sind ein guter Mischkulturpartner der Möhren. Sie können bis in den Winter hinein geerntet werden. Die Salatrauke ist ein robustes Salatgemüse, das auch noch im September gesät werden kann und leichte Fröste übersteht. Säen Sie die Salatrauke breitwürfig. Die Blätter dienen im Winter als würzige Beilage zu Salaten und anderen Speisen.

Mittel- und schwachzehrendes Gemüse

Die Salatrauke bedeckt den Boden noch bis Ende Februar. Im März können bei genügend erwärmten Boden Spinat und Radieschen als Vorkultur gesät werden. Sie sind abgeerntet, bevor sie von den im Mai gesäten Stangenbohnen verdeckt werden können. Einen einmonatigen Vorsprung vor den Stangenbohnen erhält auch der Pflücksalat, der Im April gesät und bis Ende Juli geerntet werden kann. In der Regel ist die Ernte der Stangenbohnen spätestens im September abgeschlossen. Auf dem freien Beet wird breitwürfig Winterportulak gesät, der den Boden bis ins nächste Frühjahr hinein bedeckt.

Tomaten 1. Jahr

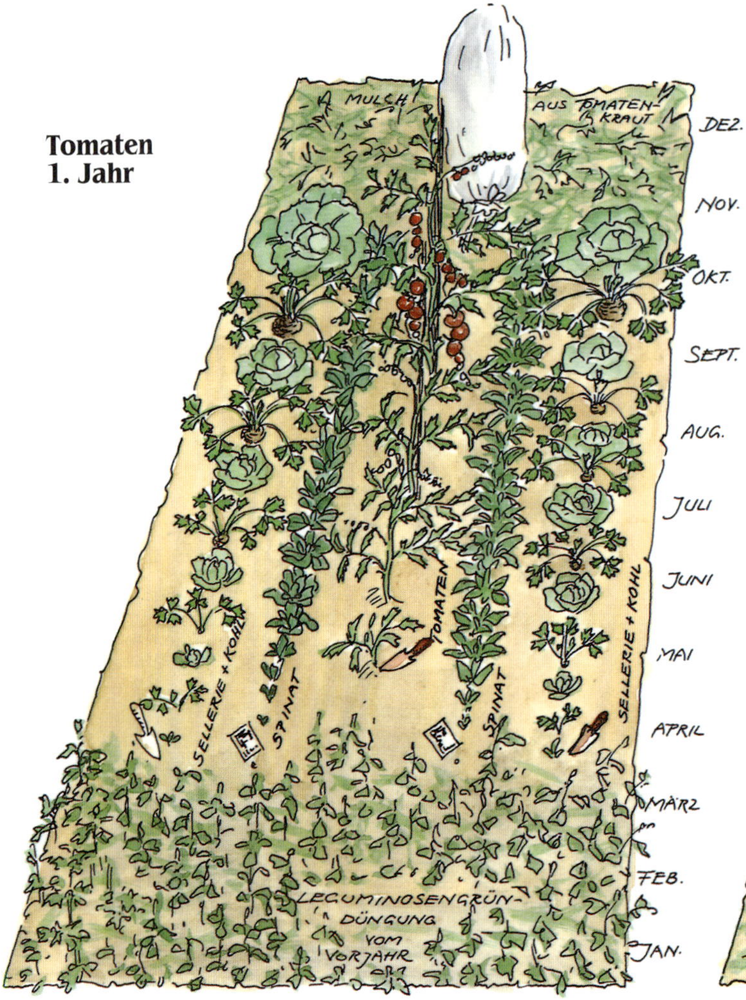

Tomaten 2. Jahr

Tomaten und ihre Mischkulturpartner

Tomaten gedeihen am besten immer am selben Platz. Ihre Mischkulturpartner sollten jedoch von Jahr zu Jahr wechseln. Unter den Starkzehrern stehen Sellerie und Kohl an erster Stelle, die man abwechselnd in einer Reihe pflanzen kann. Tomaten und Sellerie halten gemeinsam den Kohlweißling von den Kohlpflanzen fern, Kohl schützt wiederum den Sellerie vor Sellerierost. Eine ideale Zwischenkultur ist Spinat, den man vor den Tomaten sät und der abgeerntet als Mulchdecke dient.

Tomaten vertragen keinen Frost, deckt man sie jedoch rechtzeitig ab, so können an sonnigen Herbsttagen noch Früchte nachreifen. Nach der Ernte wird das Tomatenkraut zerschnitten und als Mulchdecke genutzt.

Puffbohnen und Kohlrabi als Nachbarn

Die Tomaten müssen immer wieder frisch beim Pflanzen mit Kompost oder gar Stallmist versorgt werden. Am besten gibt man beides direkt ins Pflanzloch. Die Puffbohnen, die bereits im Februar gesät werden, produzieren sich ihren Stickstoff selber und versorgen auch noch den nachfolgenden Kohlrabi damit. Als Zwischenkultur

Tomaten 3. Jahr

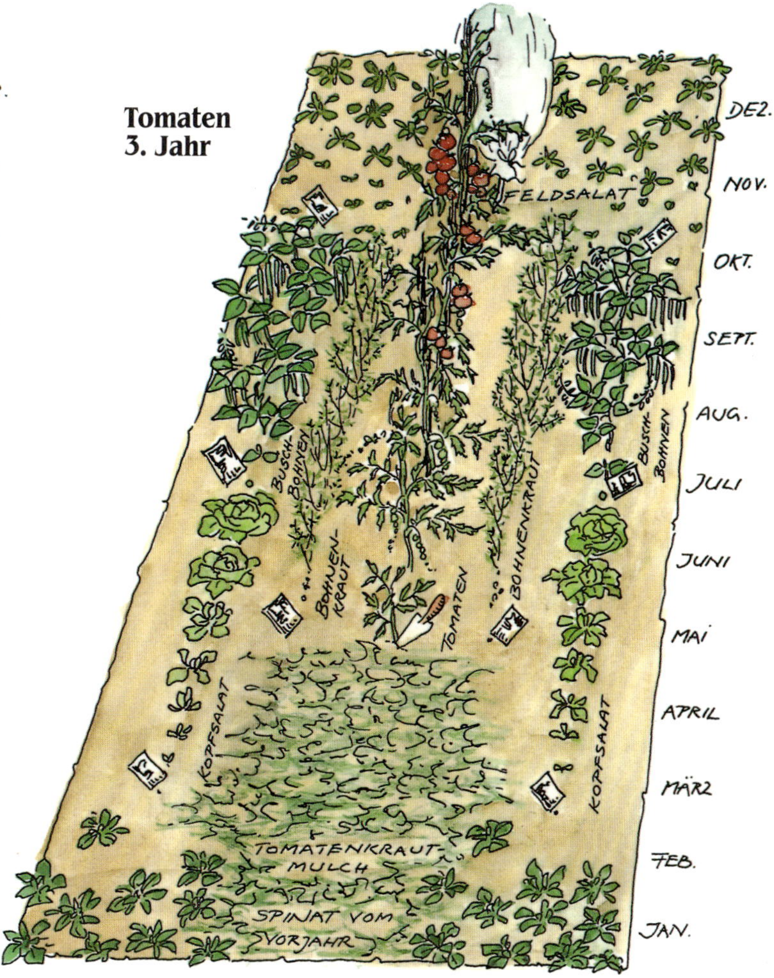

bietet sich der Mairettich an, der geerntet wird, bevor ihm Tomaten und Puffbohnen das Licht nehmen. Im September wird nach der Kohlrabiernte breitflächig Spinat gesät. Die Tomatenreihen werden den Winter über wieder mit kleingeschnittenem Tomatenkraut abgedeckt.

Buschbohnen und Salate als Begleiter der Tomaten

Mit Kopfsalat auf den beiden äußeren Reihen beginnen wir das Frühjahr. Im Mai, wenn die Tomaten gepflanzt werden, säen wir zu beiden Seiten Bohnenkraut, das als zukünftiger Nachbar für die Buschbohnen heranwachsen kann, die den Platz des Kopfsalats ab Juli einnehmen. Nach den Buschbohnen wird Feldsalat gesät, der dann erst im nächsten Frühjahr geerntet werden kann.

Gurken
1. Jahr

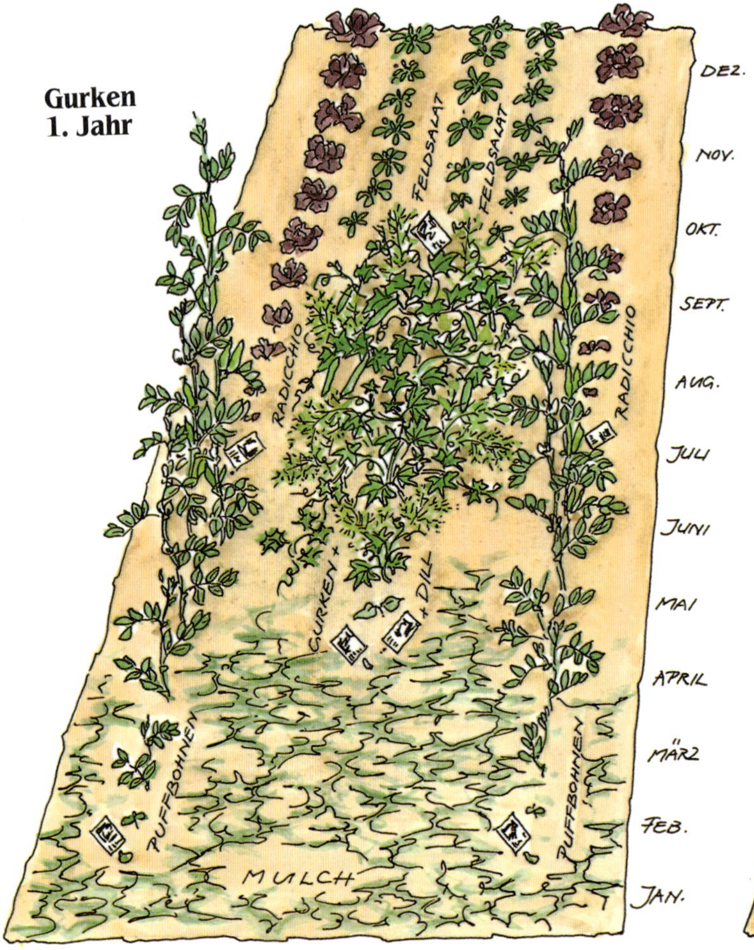

Gurken
2. Jahr

Ausgangskultur Gurken

Gurken nehmen viel Platz ein, deshalb werden sie in die Mitte des Beetes gesät. Dillsamen fördert die Keimung der Gurkensamen. Als Begleiter werden im Februar Puffbohnen gesät, die Stickstoff sammeln, von denen die Gurken profitieren. Später tritt Radicchio an die Stelle der Puffbohnen, ein Salat, der den Winter überdauert. Nach der Ernte der Gurken im September kann noch Feldsalat gesät werden, der den Boden bis ins nächste Frühjahr hinein bedeckt.

Mittelzehrer als Nachfolger

Feldsalat und Radicchio halten noch bis zum März das Beet bedeckt. Dann folgen Rote Bete als Leitkultur und Möhren mit Dill als Mischkulturpartner, die sich beide hervorragend ergänzen. Nach der Ernte wird das ganze Beet mit Spinat eingesät, der den Boden bis ins nächste Frühjahr hinein bedeckt.

Gurken
3. Jahr

Puffbohnen sorgen für Stickstoff

Die Puffbohnen können schon im Februar gelegt werden. Sie sammeln Stickstoff für den im Juli nachfolgenden Chinakohl, der bis in den Winter hinein in der Mitte des Beetes bleibt. Kohlrabi profitieren ebenfalls von dem gesammelten Stickstoff der Puffbohnen, sollen aber dennoch zusätzlich mit Kompost und Brennesseljauche versorgt werden. Radieschen können als kurzfristige Zwischenkultur gesät werden. Dem Kohlrabi, der gegen Ende Juni abgeerntet ist folgt Pflücksalat.

Kartoffeln 1. Jahr

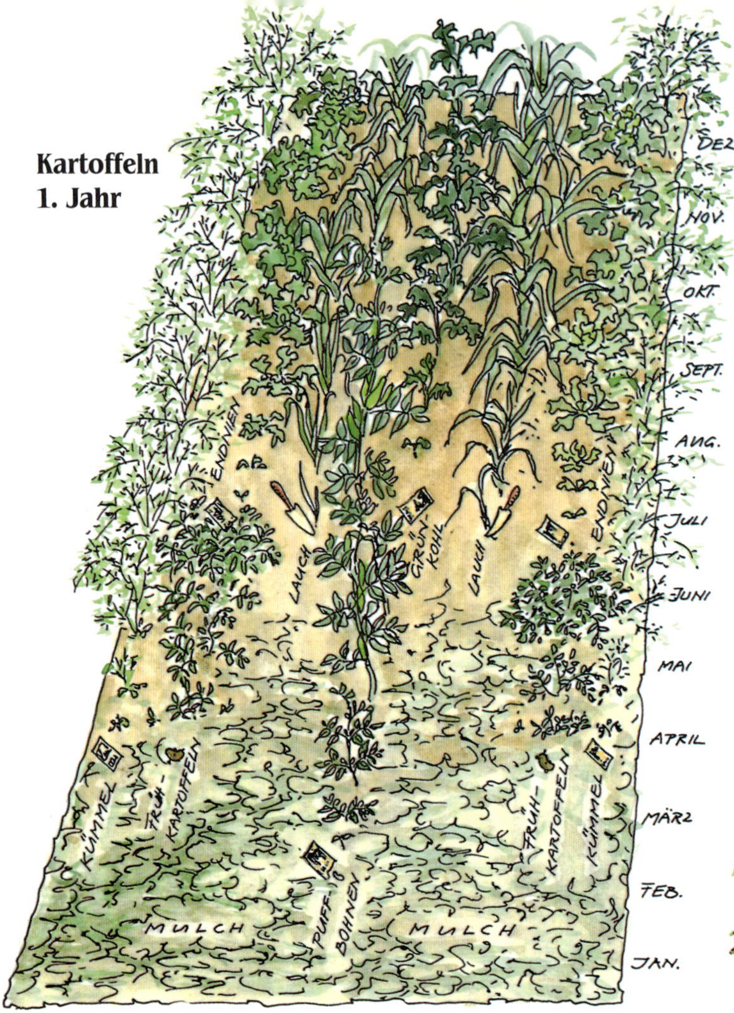

Kartoffeln 2. Jahr

Mischkultur Ausgangskultur: Frühkartoffeln

Auf dem mit Mulch abgedeckten Beet können in der mittleren Reihe ab Februar Puffbohnen gesät werden. Sie sammeln Stickstoff, der den ab März in den Boden gelegten Frühkartoffeln zugute kommt. Der zweijährige Kümmel, ganz außen gesät, trägt zur Aromaverbesserung der Frühkartoffeln bei.

Gegen Ende Juni, Anfang Juli erntet man Puffbohnen und Frühkartoffeln.
An Stelle der Puffbohnen tritt nun der Grünkohl. Er profitiert von dem gesammelten Stickstoff der Bohnen. Anstelle der Kartoffeln können je zwei Reihen Gemüse angebaut werden. Ein guter Partner für Grünkohl ist Lauch, der im Juli zu seinen beiden Seiten gepflanzt wird. Außen kann Endiviensalat gesät oder gepflanzt werden.

Überwiegend Mittelzehrer

Grünkohl überdauert den Jahreswechsel; teilweise auch Lauch. Kümmel vom Vorjahr kommt in diesem Jahr zur Blüte. Als Nachfolgekultur nach Grünkohl bietet sich Kopfsalat an, den man je nach Witterung bereits im März pflanzen kann. Ein guter Nachbar sind Rote Bete, die ab April gesät werden und als weiteren Mischkultur-

Kartoffeln 3. Jahr

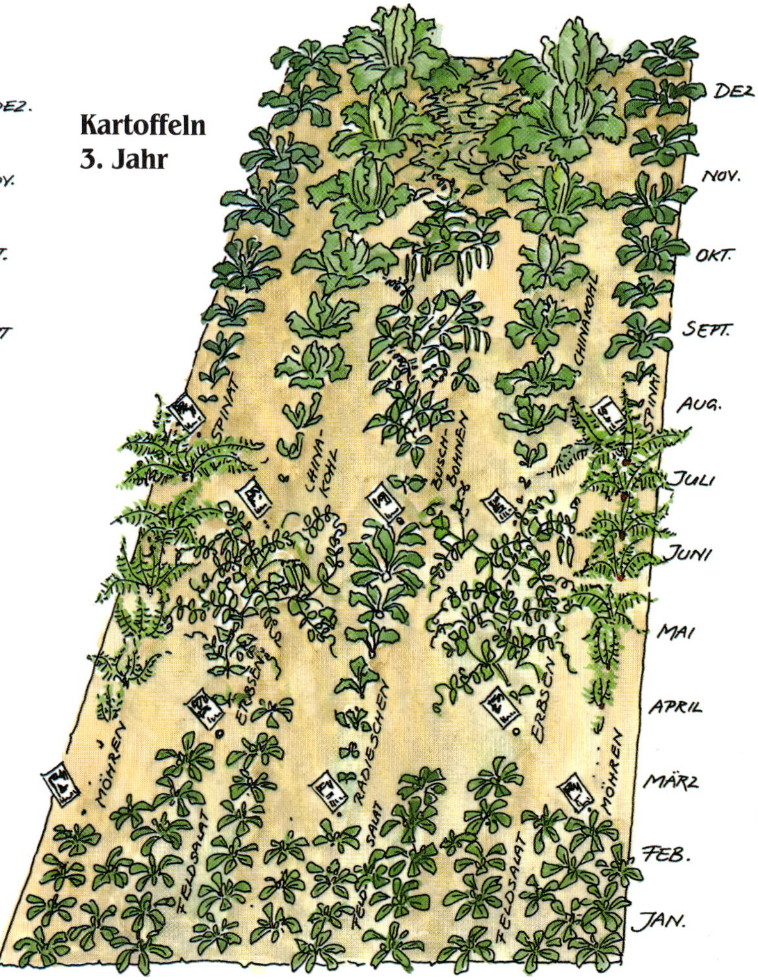

partner Pflücksalat erhalten. Auf den Kopfsalat folgen Buschbohnen als Schwachzehrer und Stickstoffsammler, von denen auch der Pflücksalat profitieren kann. Die Blüten des Kümmels werden im Juli geerntet, Buschbohnen und Rote Bete etwa bis Ende August. Allen Kulturen folgt Feldsalat, der das Beet über den Winter hinweg bedekken kann.

Überwiegend Schwachzehrer

Der Feldsalat vom Vorjahr bedeckt den Boden bis in den Februar hinein. Als kurze Zwischenkultur werden in die mittlere Reihe im März Radieschen gesät, im April folgen Erbsen als Nachbarn. Die Radieschen sollten einen Monat Vorsprung haben, damit sie nicht zu früh von den Erbsen überwuchert werden. Auch die Möhren am Rand können schon im März gesät werden. Im Juni sind die Erbsen abgeerntet. An ihre Stelle treten zwei Reihen Chinakohl und in die Mitte eine Reihe Buschbohnen als Stickstoffsammler. Auf die bis gegen Ende Juli geernteten Möhren folgt Spinat, der wie der Chinakohl bis in den Winter hinein bleibt. Das Kraut der Buschbohnen wird nach der Ernte im September abgeschnitten und als Mulch liegengelassen.

Praxis des Biogartens

Für die Fruchtfolge- und Mischkulturplanung ist es wichtig, die Aussaat- und Erntezeiten der Gemüsearten und Sorten zu beachten. Eine frühe Sorte zu spät ausgesät gedeiht nur mäßig und bringt nicht den gewünschten Ertrag. Frühe Salatsorten »schießen«, wenn man sie zu spät ausgesät hat.

Bio- Saatgut wurde in einem rein biologisch bewirtschafteten Saatgutbetrieb gewonnen. Es wurde nicht mit chemischen Mitteln gegen Pilzkrankheiten gebeizt. Heute wird größtenteils wieder ungebeiztes Saatgut verkauft. Wie sich die Saat entwickelt, hängt weniger von der Saatgutbeize, sondern von den Bedingungen im Garten ab. Biogärtner ziehen oft alte, aus Selektion entstandene Gemüsesorten den Hybridsorten vor. F1-Hybriden sind die erste Tochter-Generation einer Sorte, die aus einer Kreuzung hervorgegangen ist. Läßt man F1-Hybriden sich wieder aussamen, so wachsen Pflanzen mit gemischten Erbanlagen heran. Wer also im eigenen Garten selber Saatgut gewinnen will, sollte keine F1-Hybriden kaufen. Die älteste Form der Züchtung ist die Auslese. Das heißt, man hat unter allen gleichartigen Pflanzen immer jeweils die kräftigsten mit den besten Eigenschaften vermehrt, zum Beispiel Widerstandsfähigkeit gegen Krankheiten, reicher Blütenschmuck oder Fruchtbehang, schöne Blüten oder wohlschmeckende Früchte. Ausschließlich diese Pflanzen wurden weiter vermehrt. In dieser Weisen können Sie auch in Ihrem Garten eine natürliche Auslese robuster und ertragreicher Gemüsearten betreiben. Biogärtner möchten zur Erhaltung und Vielfalt der Arten und Sorten beitragen. Sie bevorzugen alte Sorten, von denen Sie wissen, daß sie sich in ihrem Landstrich bewährt haben.

Gartenarbeit ist nicht schwer, wenn man weiß worauf es ankommt und die richtigen Handgriffe beherrscht.

Das Saatbeet muß feinkrümelig geglättet sein (oben). In eine Rille kann man in Reihen (rechts oben) oder Horsten säen (rechts). Anschließend harkt man die Rille zu und drückt die Erde fest (rechts unten).

Beachten Sie das Datum auf der Samentüte. Haben Sie in Ihren Vorräten noch älteres Saatgut, können eine Keimprobe machen. Legen Sie den Samen in ein lockeres feuchtes und steriles, also unkrautfreies Substrat und stellen Sie das Gefäß an einem schattigen Platz auf. Wenn nach etwa einer Woche bis 10 Tagen mehr als die Hälfte des Samens keimt, können Sie ihn getrost aussäen. Keimt ungefähr die Hälfte, so sollten Sie dichter als üblich säen. Ist weniger als die Hälfte der Keimprobe aufgegangen, so ist es besser, neuen Samen zu kaufen.

Saatbeet vorbereiten

Samen muß Boden unter den Füßen haben. Nur dann kann die zarte Keimwurzel Fuß fassen. Deshalb muß die oberste Krume eines Saatbeets immer ganz fein bearbeitet werden. Der Boden muß dazu abgetrocknet sein. Breiten Sie bei klumpigem Boden noch einmal eine dünne Lage Kompost oder Sand darauf aus und arbeiten Sie ihn mit dem Krail oder einem Bodenkrümler in die oberste Schicht ein. Anschließend wird die Oberfläche fein abgeharkt, so daß sie feinkrümelig und frei von Klumpen ist. Sollte der Boden in Ihrem Garten schwer zu bearbeiten sein, so daß er auch trotz aller Bemühungen klumpig bleibt, so polstern Sie die Saatrillen mit einer Mischung aus feingesiebtem Kompost, Sand und Steinmehl aus. Darin können Sie den Samen aussäen. Säen Sie nicht zu dicht aber gleichmäßig. Mischen Sie Samen mit langer Keimdauer, wie zum Beispiel Möhren, etwas Dillsamen bei, der allen Pflanzen beim Auflaufen hilft, und der als »Markiersaat« die Saatreihen schneller erkennen läßt. Säen Sie nie zu tief! Lediglich Erbsen werden drei bis fünf Zentimeter tief in den Boden gedrückt. Zu tief gelegter Samen leidet vor allem in lehmigem Boden schnell unter Luftmangel und geht nur ungleichmäßig auf. Nachdem Sie den Samen gesät haben, harken Sie ihn mit feinkrümeliger Erde zu und drücken die

Erde mit der Rückseite der Harke fest.
Der Boden darf bei der Aussaat nicht zu naß und sollte einigermaßen erwärmt sein. Trockenen Boden sollten Sie morgens lockern, feinkrümelig bearbeiten und wässern. Dann decken Sie ihn mit einem Vlies ab und gegen Abend säen Sie aus. Am nächsten Morgen wird die Saat angegossen.
Die breitwürfige Saat empfiehlt sich für Rasen und Wiese, für Blumen, die auf einer größeren Fläche üppig wuchern sollen, für Gründüngung, Spinat und Feldsalat, die man sät, damit Sie den Winter über den Boden bedecken.

Richtig aussäen

Große Samenkörner wie beispielsweise die von Bohnen, Erbsen oder Kürbisgewächsen kann man einfach einzeln von Hand in den Boden legen. Bei Bohnen, Kürbis oder Zucchini legt man die Samen jeweils in kleinen Gruppen (Horstsaat) in die Erde. Geübte Gärtner säen direkt aus der Tüte aus.
Die Saatrillen harkt man anschließend zu und drückt die Erde mit dem Harkenrücken an. Wer breitwürfig sät, drückt die feine Saat nur mit einem glatten, trockenen Brett an. Groberer Samen, zum Beispiel von Rasen oder Gründünung wird mit dem Rechen leicht eingeharkt und anschließend mit Tretbrettern oder einer Rasenwalze angedrückt. So erhalten die Samenkörner rundum Anschluß an den Boden. Abschließend wird die Saat mit einer feinen Brause angegossen.

Setzlinge pflanzen

Das Umpflanzen ist für die Setzlinge zunächst ein Schock. Um diesen Verpflanzungschock zu mildern, sollten Sie sich an folgende Regeln halten:

- Setzen Sie die Pflanzen niemals bei Trockenheit, sondern möglichst bei bedecktem Himmel und feuchter Witterung um.
- Wässern Sie trockene Pflanzen gründlich einige Stunden vor dem Umpflanzen.
- Das Beet auf das die Setzlinge gepflanzt werden, muß erdfeucht sein.
- Belassen sie möglichst viele Wurzeln an den Setzlingen. Nur einzelne, sehr lange Wurzeln sollten eingekürzt werden.

Tomaten pflanzen: an einer Kante austopfen (oben), schräg ins Pflanzloch legen (links), schonend wässern durch den Blumentopf (unten).

Festgestampfter Pferdemist als Wärmepackung für den Frühbeetkasten.

- Alle Wurzeln kommen senkrecht in den Boden, das Pflanzloch muß groß und tief genug sein.
- Setzen Sie die Jungpflanzen nie tiefer ein, als sie vorher im Boden standen.

Als Werkzeug eignet sich für Gemüsesetzlinge am besten ein Pflanzeisen, mit dem man tief in den Boden stechen kann. Wichtig: Jede Pflanze nach dem Setzen einmal kräftig andrücken. Anschließend gießt man die Setzlinge mit einer Gießkanne ohne Brause rundherum an.

Wärmepackung fürs Frühbeet

Ideal zur Voranzucht ist der Frühbeetkasten. Wer ihn in ein Mistbeet verwandelt, nutzt die natürliche Verrottungswärme voll aus. Dazu hebt man im Frühjahr oder bereits im Herbst zuvor die Erde etwa 30 Zentimeter tief aus und lockert die Sohle der so entstandenen Grube auf. Am besten eignet sich frischer Pferdemist. Trockener Mist muß angefeuchtet werden, denn sonst verrottet er schlecht. Der Mist wird bis etwa 20 Zentimeter unter den Kastenrand aufgeschichtet und festgetreten. Darauf kommt eine 15–20 Zentimeter dicke Schicht feinkrümelige Komposterde. Decken Sie dann den Kasten mit Fenstern zu und legen Sie Rohrmatten oder alte Decken auf, damit die sich entwickelnde Verrottungswärme gehalten wird. An einem sonnigen, warmen Tag, etwa eine Woche, nachdem Sie den Kasten bepackt haben, lüften Sie die Fenster für einige Stunden, damit die sich bildenden Stickstoffgase entweichen können. Einige Tage später können Sie mit den Aussaaten beginnen. Der verrottende Mist gibt Wärme ab, die den Samen schnell keimen läßt. Wenn es wärmer wird, sollten Sie soviel wie möglich lüften. Eines Tages können die Fenster ganz heruntergenommen werden. Dünnen sie die jungen Gemüsepflanzen beizeiten aus, so daß die verbleibenden Pflänzchen kräftig werden können. Wenn die Blätter die Länge einer Handbreite erreicht haben, können Sie die Pflanzen auf das vorgesehene Beet setzen. Einige von ihnen lassen Sie stehen und im Kasten heranwachsen.

Gießen und mulchen

Beachten Sie folgende Gießregeln:

- Gießen Sie nur morgens oder abends.
- Gießen Sie auf den vorher gelockerten Boden, nicht auf die Pflanzen.
- Verwenden Sie eine Brause, aus der das Wasser reichlich, aber mit sanftem Strahl strömt.

- Verwenden Sie Regenwasser oder stellen Sie einige Kannen Leitungswasser zum Erwärmen an einen sonnigen Ort. Abgestandenes Wasser ist »weicher« als frisches.

Wasser sparen – Feuchtigkeit halten

Oft ist die Erde feuchter, als an der Oberfläche sichtbar wird. Die Feuchtigkeit steigt aus dem Boden auf und verdunstet. Auf diese Weise entstehen im Erdreich haarfeine Kapillaren. Wer zwischen den Gemüsereihen und anderen Pflanzen von Zeit zu Zeit hackt, unterbricht diese Kapillaren und vermindert für die nächsten Tage die Verdunstung des Wassers. Sobald die Gemüsereihen etwas größer geworden sind, kann man die Feuchtigkeit zusätzlich halten, indem man den Boden mit Pflanzenabfällen bedeckt, also mulcht. Breiten Sie das Mulchmaterial immer auf gelockertem und feuchtem Boden aus und tragen Sie es nie zu dick auf. Später können Sie immer wieder zusätzliches Material darüberdecken, so wie es anfällt. Eine zu dicke Mulchdecke kann verpappen, den Gasaustausch behindern und läßt später nur schwer Regenwasser hindurch. Mit einer gut aufgebauten Mulchschicht kann man jedoch viele Wochen lang Wasser sparen und erzeugt außerdem noch ein günstiges Bodenklima für Regenwürmer und andere Bodenorganismen, die sich von den verrottenden Materialien ernähren.

Richtig düngen

Über den Kompost erhält der Boden viel von dem zurück, was wir bei der Gemüseernte entnommen haben. Biogärtner setzen ihn gezielt dort ein, wo dem Boden stark- oder mittelstarkzehrendes Gemüses wachsen soll. Kompost ernährt das Bodenleben, doch nicht immer läßt sich auf diese Weise der gesamte Nährstoffbedarf der Pflanzen decken.
Alle Pflanzen brauchen zu ihrer Ernährung die Hauptnährstoffe Stickstoff, Phosphor, Kalium, Kalk, Magnesium und Mangan sowie einige sogenannte Spurennährstoffe wie Eisen, Kupfer, Molybdän, Bor, Aluminium und Silizium. Jedes Element erfüllt

Kompost reichert den Boden nicht nur mit Nährstoffen an. Er trägt auch zu einem reichen Bodenleben bei.

Organische und mineralische Düngemittel im Biogarten und ihre Nährstoffgehalte in Prozent

Düngemittel	Stickstoff	Phosphor	Kali	Kalk	Magnesium	Einfluß auf den pH-Wert
Rinderdung	0,35	0,27	0,07	0,45	0,15	neutral
Pferdedung	0,58	0,28	0,53	0,23		neutral
Schafdung	0,85	0,25	0,67	0,38		neutral
Schweinedung	0,45	0,19	0,55	0,08		neutral
Hühnerdung, trocken	3–4	3–4	2–3	7–14	1–3	neutral
Guano	6	12	2	12	1	neutral
Blutmehl	12	1,5	0,8	1		neutral
Hornmehl	10–12	4–5			6	neutral
Hornspäne	4	4–5			6	neutral
Oscorna-Animalin	6	9	1			neutral
Brennesseljauche 10%ig	0,07	0,003	0,021	0,026		neutral
Rhizinusschrot	5	2,5	1,5			neutral
Holzasche (Fichte)		5,9	11,5	44,9		alkalisch
Thomasmehl		16–20		45–50	1–4	alkalisch
Kalimagnesia			26		5	sauer
Algenkalk				32	2–3	alkalisch

in den Pflanzen eine bestimmte Aufgabe, das heißt, es ist für einen bestimmten Pflanzenteil zuständig. So sorgt Stickstoff für das Wachstum der Stengel und Blätter, Phosphor ist für Blüten und Früchte verantwortlich, Kalium für die Festigkeit der Zellwände, Magnesium und Eisen fürs Blattgrün.
Zu den mineralischen Düngemitteln, die im Biogarten verwendet werden, zählen Kalimagnesia, Thomasphosphat und Algenkalk. Gesteinsmehle tragen vor allem zu einem regen Ionenaustausch im Boden bei. Sie enthalten außerdem einige Spurenelemente, wie zum Beispiel Silizium, das in Form von Kieselsäure die Pflanzenzellen kräftigt und widerstandsfähig gegen Krankheiten und Schädlinge macht. Gesteinsmehl kann dem Boden in kleinen Mengen immer zugegeben werden. Die anderen Dünger wendet der Biogärtner nur an, um eine Korrektur des pH-Werts oder des Nährstoffhaushalts im Boden auszugleichen. Ist dies geschehen, und wird der Boden regelmäßig mit Kompost versorgt, so reicht es völlig aus, immer nur auf den Beeten, auf denen starkzehrendes Gemüse angebaut werden soll, Nährstoffe zuzuführen.
Stalldung sollte man möglichst von einem Bio-Bauernhof beziehen. Die verschiedenen Mistarten haben unterschiedlich hohe Anteile an Nährstoffen. Man sollte Mist nie frisch, sondern immer gut abgelagert in den Boden bringen.
Anstelle von Mist bietet sich organischer Handelsdünger an, also Hornspäne, Hornmehl, Knochenmehl, Blutmehl oder Rhizinusschrot. Diese Düngemittel lösen sich in Abhängigkeit der Wärme und Feuchtigkeit und dem damit zusammenhängenden Bakterienleben auf und geben ihre Nährstoffe langsam ab. Sie stellen der Pflanze also dann Nahrung zur Verfügung, wenn diese aufgrund von Wärme und Feuchtigkeit am

Steinmehl in die Rinne gestreut, schützt die Kartoffel vor Fäulnis und fördert die spätere Nährstoffaufnahme.

stärksten wachsen und ernährt werden müssen.
Vorübergehende Nährstoffengpässe gleicht der Biogärtner aber mit Pflanzenjauchen aus, die er aus Brennesseln und Beinwell ansetzt. Brennesseljauche enthält Stickstoff und hilft, eine vorübergehende Festlegung dieses Elements im Boden zu überbrücken. In der Beinwelljauche ist Kalium enthalten. Dieses Element trägt zur Festigung der Zellwände in den heranwachsenden Pflanzen bei. Wir gießen diese Jauchen am besten, wenn der Boden feucht und von der Sonne erwärmt ist und optimale Wachstumsbedingungen herrschen, jedoch lange bevor das Gemüse erntereif ist.

Der Garten im Winter

Wer seinen Bedarf an Gemüse so weit wie möglich aus dem eigenen Garten decken will, möchte auch die kalte Jahreszeit so gut es geht überbrücken und die Erntezeit verlängern. Dies ist mit winterhartem Gemüse wie Grünkohl oder Feldsalat oder mit Hilfe von Folien und Vliesen möglich. Folie ist lichtdurchlässig und in der Lage, auch Sonnenwärme innerhalb der Abdeckung einzufangen. Eine Schattierung entfällt, weil ein Wasserkreislauf einsetzt und die Folie bei Sonnenschein von innen beschlägt. Vlies besteht aus einem feinen Acrylgewebe, das die Wärme hält, aber Feuchtigkeit und Luft hindurchläßt. Man kann es vielseitig verwenden: Einfach über die Pflanzen decken, Tomatenpflanzen damit umhüllen, wenn der erste Herbstfrost droht, eine junge Saat abdecken und durch dieses Vlies hindurch gießen oder wie mit Folie einen Tunnel bauen. Dieses Vlies kann ebenso wie Folie vor den ersten und letzten Frösten Schutz bieten. Unter Glas und Folie kann sich Nitrat in Salaten oder Spinat sowie im Kohl anreichern. Es wird aber unter Lichteinfluß wieder bis auf verträgliche Mengen abgebaut. Ebenso spielt der Luftaustausch eine wichtige Rolle, denn der von den Pflanzen abgegebene Stickstoff muß ja entweichen können. Folien und Glasabdeckungen sollten deshalb im Winter so oft wie möglich gelüftet werden. Ernten Sie das Gemüse unter Glas und Folie am späten Nachmittag. Dann ist das Nitrat in den Pflanzen auf verträgliche Werte abgesunken.

Winterschutz

In einem Biogarten muß außer dem Wintergemüse nur der Boden geschützt werden. Im Herbst fällt eine Menge abgeerntetes Gemüsekraut ebenso abgestorbene Triebe von Stauden sowie mehr oder weniger viel Herbstlaub. Damit wird der zuvor gelockerte Boden abgedeckt. Wer viele Abfälle hat, kann diese Abdeckung in Flächenkompostierung erweitern. Dazu wird halbverrotteter Kompost auf den Beeten ausgebreitet und mit den herbstlichen Abfällen abgedeckt. So sind Regenwurm & Co. den Winter über geschützt und reichlich mit Nahrung versorgt. Im nächsten Frühjahr ist der größte Teil der Abfälle verrottet. Nur die oberste grobe Schicht nehmen wir herunter und bringen sie auf den Komposthaufen.

Probieren Sie nach der Ernte im Herbst aus, welches Gemüse, obwohl zu spät gesät, den Winter überdauert und im nächsten Frühjahr heranwächst. Empfehlenswert sind Feldsalat, Salatrauke, Winterprotulak und Spinat auf Beeten, die erst im späten Frühjahr neu bestellt werden können, z.B. vor Bohnen, Gurken oder Tomaten. Decken Sie die Saat mit Mulch oder einem Vlies ab.

Erst Mitte Oktober wurde dieser Spinat ausgesät, der unter dem Vlies bis zum März zu dieser Größe heranwuchs.

Obstbaum pflanzen: Faulende oder abgeknickte Teile abschneiden (oben). Die Veredlungsstelle muß aus dem Boden herausragen (rechts oben). Erde festtreten und einschlämmen (rechts).

Pflanzzeit für Bäume und Sträucher

Die besten Pflanzzeiten liegen im Frühjahr und Herbst. Bäume und Sträucher werden mit freiliegenden Wurzeln, mit einem befestigten Wurzelballen und als Containerpflanzen angeboten. Die beste Pflanzzeit für Obstbäume ist der Spätherbst. Heben Sie etwa 2 bis 3 Wochen vor der Pflanzung eine Grube von einem Meter Länge und Breite und etwa 50 Zentimeter Tiefe aus. Vermischen Sie diesen Aushub mit Kompost oder verrottetem Stallmist. Dann schlagen Sie den Baumpfahl in die offene Grube ein, und zwar so, daß er später südlich vor dem Stamm steht. Anschließend schaufeln sie das Pflanzloch mit dem verbesserten Aushub wieder zu.
Schneiden Sie die Wurzeln des jungen Baumes schräg an, so daß die Schnittflächen nach unten weisen. Auch die abgeknickten oder vertrockneten Wurzelteile werden entfernt. Dann stellen Sie den Baum für einige Stunden ins Wasser.
Das Pflanzloch wird so groß ausgehoben, daß rund um die Wurzeln eine Handbreit Platz bleibt. Der Stamm des jungen Baumes sollte so dicht wie möglich am Pfahl stehen. Anschließend schaufeln Sie die

Im Achterknoten wird der Stamm festgebunden. Der Knoten wird immer am Pfahl gemacht.

gelockerte Erde rundum ein und heben den Baum ein bis zweimal schüttelnd an, so daß sich die Erde rundherum gleichmäßig im Pflanzloch verteilt.
Wichtig: Die Veredlungsstelle muß handbreit über den Boden herausragen!
Die Wurzeln brauchen Anschluß an den Boden. Deshalb tritt man die Erde rundum mit dem Fußabsatz fest. Dann wird der Baum im Achterknoten am Pfahl festgebunden, und zwar so, daß der Stamm zwar Halt hat, jedoch nicht eingeschnürt wird. Abschließend wird einmal gründlich gewässert.
Bei Wild- und Ziergehölzen beschränkt man sich darauf, ein Pflanzloch auszuheben, das groß genug für das Wurzelwerk ist, verbessert den Aushub mit Kompost oder Rindenhumus und setzt das Gehölz ein.
Einen Baum oder Strauch dessen Wurzelwerk durch ein Ballentuch befestigt ist, stellt man ins Pflanzloch und löst vor dem Zuschaufeln den Knoten dieses Tuches. Bei einem Gehölz mit großem Wurzelballen schlägt man den Pfahl bei Bäumen und größeren Sträuchern nach dem Pflanzen schräg am Stamm vorbei ein, so daß seine Spitze den Wurzelballen nicht beschädigt. Der Pfahl wird an der Westseite angeordnet, von der der meiste Wind zu erwarten ist. Der senkrecht und südlich vor einem Obstbaum angeordnete Pfahl soll den Stamm gleichzeitig im Winter von übermäßiger Sonneneinstrahlung und somit vor Frostrissen schützen.
Für kleine Sträucher, Stauden und Sommerblumen wird die gesamte Pflanzfläche vorbereitet, das heißt, sie wird wie ein Beet gründlich gelockert, dann arbeitet man Kompost, verrotteten Mist oder Rindenhumus ein, verteilt die Pflanzen auf der Fläche und pflanzt sie mit einer Pflanzkelle ein. Containerpflanzen werden vor dem Pflanzen in eine Wanne mit Waser getaucht. Anschließend streift man den Container ab und legt die Stauden zum Pflanzen aus. Nach dem Pflanzen wird jede Staude oder Blume zunächst einzeln, später die gesamte Fläche mit der Brause angegossen.

Vom Schutz der Pflanzen

Wenn ein sogenanntes Unkraut besonders hartnäckig auftritt, sich ganz bestimmte »Schädlinge« explosionsartig vermehren, Pilzkrankheiten zu Kalamitäten werden, so ist dies ein Signal dafür, daß der Organismus des Gartens gestört ist, und die Lebewesen versuchen, diesen Mangel auszugleichen. Sogenanntes Unkraut wächst dort, wo der Boden unbedeckt liegt, wo er ungewöhnlich verdichtet, zu fett oder ungewöhnlich karg ist. Wer einmal eine solche Ursache herausgefunden hat, kann gezielt die entsprechenden Gegenspieler einsetzen, die die gleichen Aufgaben erfüllen und den Unkräutern buchstäblich den Wind aus den Segeln nehmen.

Raupen, Blattläuse, Käfer und deren Larven treten in großer Zahl auf, wo sich zu viele Pflanzen derselben Art auf einer Stelle befinden, also bei Monokulturen, oder wo die Fruchtfolgen zu kurz waren. Hinzu kommen ein trockener oder zu fester Boden, eine unzureichende Ernährung der Pflanzen, die sie nicht widerstandsfähig genug macht.

Eine gute Versorgung des Bodens mit Kompost und Steinmehl, eine bessere Durchlüftung und Feuchtigkeit und ein reiches Bodenleben gehören zu den wichtigsten Bestandteilen des Pflanzenschutzes.

Die andere wichtige Maßnahme heißt, die Nützlinge im Garten zu fördern, also Pflanzen ansiedeln, die ihnen Nahrung und Unterschlupf bieten.

Bevor man etwas gegen Blattläuse unternimmt, sollte man nachsehen, ob nicht bereits Marienkäfer und ihre Larven bei ihrem nützlichen Werk sind.

Nützlinge im Biogarten

Nützling	Nahrung	Lebensraum
Florfliegen	Die Larven der Florfliegen ernähren sich von Blattläusen aller Art.	Eier, Larven und Puppen auf Blättern und Trieben der Gehölze, vor allem Obstgehölze. Trockenes Laub und ein mit Stroh gefüllter Florfliegenkasten dienen als Winterquartier.
Laufkäfer	Drahtwürmer, Nematoden, Raupen, Insekten sowie kleine Nacktschnecken.	Holzstapel, Laubdecke und Steinhaufen anbieten.
Marienkäfer	Die Käfer und deren anthrazitfarbene Larven vertilgen Unmengen von Blattläusen.	Artenvielfalt und Schonung tragen dazu bei, daß der Marienkäfer im Garten bleibt. Im Winter braucht er Laub-, Holz- oder Steinhaufen.
Ohrwurm	Blattläuse, aber auch Obst oder Blüten.	Strohgefüllte Blumentöpfe an Obstbaumstämmen. Schaden am Obst gering, wenn viele Blattläuse. Winterquartier: Erdverstecke unter Laubschüttung.
Schlupfwespe	Die Schlupfwespen legen Eier in Larven von Kohlweißling und Apfelwickler ab. Die sich daraus entwickelnden Larven leben als Parasiten von diesen Raupen.	Doldenblütler locken die ausgewachsenen Insekten an.
Schwebfliegen	Sie legen ihre Eier in den Blattlauskolonien ab. Die daraus schlüpfenden Larven fressen Tausende von Blattläusen.	Kapuzinerkresse und Ringelblumen sowie viele andere Korb- und Doldenblütler locken Schwebfliegen an.
Singvögel: Meisen, Rotkehlchen, Rotschwänzchen, Schwalben, Dompfaff, Distelfink und viele andere	Nach der Brutzeit ernähren die Singvögel ihre Jungen mit fleischlicher Nahrung: Blattläusen, Raupen und kleinen Schnecken. Im Herbst und Winter brauchen die meisten von ihnen Beeren und Samen, um überleben zu können.	Je nach Art und Brutverhalten: Nistkästen (Höhlenbrüter), Dornengebüsch, Reisighaufen, Nistbretter unter dem Dach, Steinhöhlen in Mauern, Bäume und Sträucher, die Samen und Früchte tragen.
Amphibien: vor allem Grasfrosch und Erdkröte.	Insekten und Schnecken sowie deren Eier.	Je nach Art flache oder tiefe, vegetationsarme oder starkbewachsene Tümpel und Gartenweiher. Trockenmauern, Steinhaufen, Reisig- und Laubhaufen als Überwinterungsplatz.
Reptilien: Eidechsen und Blindschleichen	Insekten und deren Eier, Schnecken	Steinhaufen und Trockenmauern in Sonne und Schatten.
Säugetiere: Fledermäuse	Nachtfalter, Mücken und Käfer	Dachboden (alte Gebäude), hohle Bäume, spezielle käufliche Fledermauskästen.
Igel	Mäuse (im Nest), Insekten und deren Eier, Schnecken.	Gebüsch, Reisighaufen, Durchgang unter dem Gartenzaun ist wichtig!
Spitzmaus	Insekten, Engerlinge, Drahtwürmer, Schnecken, Mäuse.	Gebüsch, Laub- und Reisighaufen.
Mauswiesel	Wühlmäuse, Ratten, Feldmäuse	Geröllhaufen mit eingebauten Höhlen.

Nematoden

Sogenannte Ählchen, auch Fadenwürmer oder Nematoden genannt, oder die Maden der Zwiebel- und Möhrenfliege nagen an den Wurzeln und zerstören sie; sie machen Radieschen und Rettich und Möhren und Zwiebeln ungenießbar. Auch diese Larven werden meistens durch ein gestörtes Bodengefüge, durch zuviel Trockenheit oder Feuchtigkeit gefördert. Wichtig ist hier eine Fruchtfolge mit möglichst weitem zeitlichem Abstand, in die man auch eine Saat Tagetes oder Ringelblumen einfügt. Gezielt kombinierte Gemüsearten wie Möhren und Zwiebeln können sich gegenseitig die Schädlinge vom Leibe halten.

Der Schneckenzaun ist zum Schutz von jungem Gemüse nützlich (oben). Tonmineral-Schlämme und Leimringe schützen vor Raupen, die über den Stamm in die Krone gelangen (links).

Pilzkrankheiten

Pilzerkrankungen treten oft unter ungünstigen kleinklimatischen Bedingungen auf. Oft sind die Pflanzen schlecht mit Nährstoffen versorgt und deshalb nicht widerstandsfähig. Es gibt Sorten, die gegen Pilzerkrankungen, beispielsweise gegen Mehltau resistent sind.

Abwehr von Krankheiten und Schädlingen

Krankheit/Schädling/ Schadbild	mögliche Ursache	Gegenspieler	Abwehr
Blattläuse (saugen an Blättern und Stielen)	Trockenheit, geschwächte Pflanzen	Marienkäfer, Florfliege, Ohrwurm, Schlupfwespe, Singvögel	Abstreifen, abspritzen, Kaltwasserauszug oder gärende Jauche von Brennesseln.
Drahtwürmer (fressen an Wurzeln, z.B. bei Kartoffeln und Möhren)	frisch umbrochenes Grünland, verdichter feuchter Boden	Maulwurf, Laufkäfer, Spitzmäuse	Boden lockern und kontinuierlich mit Humus anreichern. Halbierte Kartoffeln in den Boden als Lockmittel legen Drahtwürmer regelmäßig absammeln.
Erdflöhe (fressen am Laub von Kohlpflanzen, Rettich und Radieschen)	trockener Boden mit schlechter Struktur	Laufkäfer, Schlupfwespen, Spitzmäuse, Igel	Boden lockern, gießen, mulchen; mit Steinmehl und Holzkohle stäuben.
Erdraupen (zerfressen Blätter von Erdbeeren, Kohl, Möhren und Zwiebeln)	nicht bekannt	Laufkäfer, Schlupfwespen, Spitzmäuse, Igel, Amsel u. a. Vögel	geschädigte Pflanzen und deren Umgebung nach Raupen absuchen; Mischkultur mit Tomaten, Sellerie oder Tagetes.
Maulwurfsgrillen (fressen an Wurzeln und Stengeln)	begünstigt durch trockenen Boden	Maulwürfe, Spitzmäuse, Amsel	Marmeladengläser ebenerdig eingraben und täglich kontrollieren.
Nacktschnecken (fressen junge und ältere Gemüsepflanzen ab)	Rückgang der natürlichen Feinde, feuchte Wiesennachbarschaft, keine Mischkultur, wenig widerstandsfähige Pflanzen	Igel, Maulwürfe, Spitzmäuse, Amseln, Frösche und Kröten, diverse Käfer	täglich absammeln; gefährdete Zonen mit Schneckenzaun umgeben; Steinmehl oder Sägemehl zur Abschreckung um gefährdete Pflanzen streuen; nur morgens gießen; Bierfallen aufstellen.
Wühlmäuse (nagen an Wurzeln)	Rückgang natürlicher Feinde	Greifvögel, Fuchs, Mauswiesel	Unterschlupf für Mauswiesel schaffen; Kaiserkrone, Knoblauch und Wolfsmilch ansiedeln; Holunder- und Lebensbaumzweige in Wühlmausgänge legen; notfalls Fallen aufstellen.

Darauf sollte man beim Kauf des Saatguts oder bei der Auswahl mancher Stauden und Gehölze achten.
Pilzkrankheiten können sich leichter ausbreiten, wenn die Pflanzen sehr dicht gesetzt wurden. Wo Mehltau häufig auftritt, sollte man nicht zu dicht aussäen und immer wieder Gemüsereihen und Blumen einplanen, die nicht von Mehltau befallen werden. Umgekehrt sollten anfällige Gemüsearten einen möglichst großen Abstand zueinander haben. Weitere Maßnahmen sind: Die Erde zwischen den Reihen häufig hakken und Kompost sowie Steinmehl zugeben. Mit Mehltau befallene Pflanzenabfälle sollten

nicht auf den Komposthaufen kommen. Schachtelhalmtee sowie andere Pflanzenjauchen kräftigen die Pflanzen und machen sie widerstandsfähig.

Direkte Maßnahmen

Trotz unserer kleinen intakten Gartenwelt kann es auch in einem Biogarten immer wieder zu Schäden an Pflanzen kommen. Dann müssen Krankheiten und Schädlinge direkt abgewehrt werden. Zu den wenigen »Schädlingen« die dauerhafte Probleme verursachen, gehören vor allem Nacktschnecken und Wühlmäuse.

Biogärtner versuchen zunächst immer die Tiere durch Barrieren oder Gerüche aus dem Garten zu halten. Schnecken, Raupen und Käfer können in begrenztem Maße auch einfach abgesammelt und weggetragen werden. Gegen Schnecken und Wühlmäuse gibt es Fallen. Es gibt verschiedene Arten von Blattläusen, die man vor allem an der Farbe erkennt, also Grün, Grau oder Schwarz. In einem Garten, in dem reichlich Nützlinge wie der Marienkäfer oder Ohrwürmer sowie Vögel zu Hause sind, bereiten sie meistens keine ernsthaften Probleme. Sie befallen vor allem geschwächte oder durch ein Übermaß an Stickstoff aufgeblähte Pflanzen. Im Anfangsstadium des Befalls kann man sie meistens mit der Hand abstreifen oder durch einen scharfen Wasserstrahl entfernen. Darüber hinaus helfen Pflanzenjauchen und -brühen, wie sie in der nachfolgenden Tabelle beschrieben sind. Hartnäckiger können weiße Fliegen werden, vor allem im Gewächshaus. Trockenheit und eine zu hohe Stickstoffdüngung leisten ihnen meistens Vorschub. Im Gewächshaus beugt man ihnen durch möglichst häufiges Lüften und eine gute Luftbefeuchtung vor. Bei hohem Befall kann man mit Gelbtafeln gegen diese saugenden Insekten vorgehen. Draußen lassen sie sich nur schwer abwehren, sind aber auch meistens kein großes Problem.

Pflanzenjauchen, -brühen und Tees wirken vergrämend oder sie machen die Pflanzen widerstandsfähig.

Brennesseln werden zum Ansetzen der Jauche am besten kurz vor der Blüte geschnitten und in die Tonne gegeben.

Mehltau ist oft eine Frage der richtigen Sorte und des Standorts. Schachtelhalmtee kann vorbeugend wirken.

Kräuterauszüge zur Pflanzenstärkung

Grundrezept	Kraut	Wirkung	Mischung	Anwendung
Kaltwasserauszug: Die frischen oder getrockneten Kräuter läßt man 12 bis 24 Stunden in kaltem Wasser ziehen. Sie dürfen nicht zu gären beginnen.	Brennessel	gegen Blattläuse	1 kg frisches Kraut auf 10 l Wasser	nach spätestens 24 Stunden abseihen und unverdünnt bei bedecktem Himmel auf befallene Blätter und Triebe sprühen.
Gärende Jauche: Ansetzen wie Kaltwasserauszug, jedoch 4–5 Tage in der Sonne stehenlassen und während der Gärung verwenden.	Brennessel	gegen Blattläuse und Spinnmilben, stärker als Kaltwasserauszug	1 kg frisches Kraut auf 10 l Wasser	im Verhältnis 1 : 50 mit Wasser verdünnen und auf befallene Pflanzen sprühen.
Jauche: Ansetzen wie Kaltwasserauszug, jedoch an einem sonnigen Platz restlos vergären lassen.	Brennessel	Stickstoffdünger mit schneller Wirkung	1 kg frisches oder 200 g getrocknetes Kraut auf 10 l Wasser	zum Angießen von Jungpflanzen und als Blattdünger 1 : 20, sonst 1 : 10 mit Wasser verdünnen.
	Beinwell	enthält Kali, pflanzenkräftigender Dünger	1 kg frisches Kraut auf 10 l Wasser	evtl. mit Brennesseljauche vermischen oder sofort gemeinsam ansetzen. 1 : 10 verdünnen und in Wurzelbereich der Pflanzen gießen.
	Holunder	stark riechendes Vertreibungsmittel	1 kg frisches Kraut auf 10 l Wasser	unverdünnt in Gänge der Wühlmäuse gießen. Der Jauchegeruch vertreibt die Nagetiere.
Brühe: Frisches oder getrocknetes Kraut 24 Stunden in kaltem Wasser ziehen lassen, dann etwa 20 Minuten lang auf kleiner Flamme kochen. Anschließend abkühlen und verdünnen.	Ackerschachtelhalm	Die im Ackerschachtelhalm enthaltene Kieselsäure stärkt die Zellen der Blätter und Triebe und beugt Pilzkrankheiten vor.	1 kg frisches oder 150 g trockenes Kraut auf 10 l Wasser, Verdünnung 1 : 5	Nicht Wald- oder Sumpfschachtelhalm, sondern nur der Ackerschachtelhalm enthält Kieselsäure, deren Gehalt im August am höchsten ist. Die abgekühlte Brühe wird abgeseiht und verdünnt vom Frühjahr bis in den Sommer morgens bei möglichst sonnigem Wetter über die Pflanzen und auf den Boden gesprüht.
Tee: Frisches oder getrocknetes Kraut sofort mit kochendem Wasser übergießen und ungefähr 10 Minuten ziehen lassen. Anschließend abseihen.	Knoblauch	Gegen Mehltau und Milben	75 g auf 1 l Wasser	Zehen zerkleinern und mit kochendem Wasser überbrühen, etwa 5 Stunden stehenlassen und gegen Pilz unverdünnt, gegen Milben 1 : 7 auf Pflanzen und Boden sprühen.

Bäume und Sträucher

In möglichst vielen Gärten sollte es heimische Gewächse geben, die eine Kette bis hin zur naturnahen Landschaft bilden. Auf diese Weise erweitern wir den Lebensraum der heimischen Kleintierwelt bis in die Wohngebiete hinein. Wildbienen oder Falter können sich aber auch von einigen Bäumen, Sträuchern, Stauden und Sommerblumen ernähren, die aus fernen Ländern stammen, zum Beispiel der Schmetterlingsstrauch (*Buddleja davidii*) der zahlreiche Schmetterlinge anlockt oder den Bienenbaum (*Euodia hupehensis*), auf den sowohl die Honigbienen als auch die Wildbienen fliegen. Die Menge der Insekten mag manchmal täuschen, wenn so ein Baum oder Strauch zur Blütezeit voller Tieren sitzt. Aber die Vielfalt ist bei vielen Gehölzen fremdländischer Art oft nicht so groß wie bei den heimischen. Hinzu kommt, daß gerade die seltenen, vom Aussterben bedrohten Insekten und Vögel gerade diese heimischen Gewächse brauchen und auf sie angewiesen sind.

Auch Biogärtner können die Früchte oder Blüten vieler dieser Gehölze nutzen, zum Beispiel Haselnuß oder Sanddorn, Schlehen oder Holunder und viele andere.

Für die Insekten sind diese Gehölze in erster Linie Nahrungspflanzen. Ob Wild- oder Honigbienen, ob Hummeln oder Falter, ob allerlei Käfer sie fliegen auf die Blüten, um sich den Nektar zu holen. Viele ernähren sich aber auch von den Blättern, vor allem die Larven der Insekten, die Raupen. Manchmal wickeln sich die Raupen auch in die Blätter ein und verpuppen sich dort. Alte Bäume mit morschen Ästen oder hohlem Stamm und rissiger Borke dienen den Insekten als Unterschlupf und Winterquartier.

Auch die Vögel haben einen mehrfachen Nutzen von den heimischen Gehölzen. Dort finden sie bis spät in den Winter reichlich Beeren und Samen als unentbehrliches Futter. Und eine weitere Nahrungsquelle sind eben die Insekten auf den Blättern: Blattläuse, Raupen und so mancher Käfer.

Im dichten, dornigen Gestrüpp finden die Vögel Schutz vor Katzen. Bäume und Sträucher bieten vielen Vögeln Nistgelegenheiten, sei es in Form eines Astquirls oder eines hohlen Stammes.

Schließlich wissen auch die Säugetiere Wildsträucher zu schätzen, denken Sie an das Eichhörnchen oder die Haselmaus oder an Fledermäuse, die in hohlen Bäumen leben.

Wir Menschen nutzen die Wildgehölze einmal direkt, indem wir Blüten und Früchte verwerten und indirekt über die Honigbienen, die aus dem

Nektar Honig produzieren und Pollen einsammeln.

Wildgehölze für den Garten

Richten Sie sich bei der Planung nach der Größe und dem Umfang der Bäume und Sträucher im ausgewachsenen Zustand. Und geben sie ihnen genügend Abstand zueinander. Man setzt nur wenige Bäume und Sträucher ein, die dann aber genügend Raum und Zeit haben zu wachsen und sich zu entfalten. Geben Sie den Pflanzen in Ihrem Garten die Gelegenheit, sich zu entwickeln und auf diese Weise auch in zeitlicher Abfolge die Vielfalt verschiedener Entwicklungsstadien mit allen darin vorkommenden Lebewesen zu durchlaufen.
Denken Sie bei der Anordnung der Bäume an die Licht- und Schattenwirkung, auch an den Wechsel zwischen hohen und niedrigen Gehölzen. Dieser Wechsel trägt dazu bei, daß der Reichtum unterschiedlicher Blüten zu den verschiedenen Jahreszeiten groß ist, und im Sommer wie Herbst überall reichlich Früchte hängen.
Die Bäume und Sträucher dürfen auf keinen Fall durch ständiges Schneiden gewaltsam klein gehalten werden. Es gibt Bäume und große Sträucher, die einfach die Tendenz haben, groß zu werden. Setzt man immer und immer wieder Säge und Schere an, so verlieren diese Gehölze an Schönheit und werden häßlich.
Andere Bäume und Sträucher lassen sich sehr gut schneiden, vor allem solche, die sich schon an ihrem Fuß verzweigen und mit mehreren Trieben aus dem Boden wachsen. Man kann von ihnen immer einmal einen Trieb an seiner Basis entfernen, ohne daß das Gehölz darunter leidet oder häßlich aussieht. Ein Beispiel dafür ist die Haselnuß. Auch Bäume wie die Eberesche oder die Hainbuche lassen sich mit ein wenig Geschick gut schneiden. Gelegentlich ausgelichtete Gehölze bleiben immer gesund, und tragen reichlicher Blüten und Früchte als manch ungeschnittener Baum oder Strauch. Darüber hinaus gibt es auch Möglichkeiten durch einen gezielten Schnitt bewußt Lebensräume zu schaffen, zum Beispiel bei Kopfweiden oder an einigen Sträuchern durch einen Astquirlschnitt.
Nicht jeder hat genügend Platz für eine freiwachsende Hecke. Aber eine geschnittene Hecke ist nahezu die beste Schutzpflanzung für einen Garten auf kleinstem Raum. Und sie wird von zahlreichen Vögeln als sicherer Nistplatz dankbar angenommen.

Ebereschen mit ihren weißen Dolden im Juni und den orangeroten Früchten im Herbst passen in jeden Garten.

Bäume und Sträucher für Mensch und Tier

Art	Blütezeit und -farbe	Frucht	Nutzen für Tiere	Verwendung
Berberitzen *(Berberis vulgaris)*	Mai bis Juni, gelb	ab September	Blüten: Distelfalter, Hummel, Rosenkäfer, Schwebfliegen. Frucht: Dompfaff, Kernbeißer, Nistgehölz	Für Standorte mit extremer Trockenheit geeignet, Früchte eßbar.
Blasenstrauch *(Colutea arborescens)*	Mai bis September, gelb	ab August	Wildbienen, Hummeln, Vogelnahrung	Volle Sonne, karge Abhänge, Früchte eßbar.
Brombeere *(Rubus fruticosa)*	Juni bis August, rosa, weiß	ab August	Bienen- und Vogelnahrung, Vogelschutz- und Nistgehölz	Anspruchslos, wächst auch im lichten Schatten, Gartenformen und Sorten im Handel erhältlich. Früchte zu Marmelade, Wein u. a. verwendbar.
Eberesche *(Sorbus aucuparia)*	Mai bis Juni, weiß	August bis in den Winter, orangerot	Bienenweide, Früchte werden von Amseln u. a. Vögeln gefressen	Vielseitig verwendbar, auch in kleinen Gärten, leidet unter Hitzestau. Verschiedene Formen und Sorten, z. B. großfrüchtig, im Handel erhältlich. Früchte als Gelee verwendbar.
Felsenbirne *(Amelanchier ovalis)*	April bis Mai, weiß	Juli bis August, blauschwarz erbsengroß	Blüten: Nahrung für viele Insekten; Früchte: Amsel u. a. Vögel	Volle Sonne bis lichter Schatten, verträgt steinigen Boden, wärmeliebend, Früchte eßbar.
Hasel *(Corylus avellana)*	März bis April, männlich: gelbe Kätzchen, weiblich: unauffällig pupurrot	ab September, braun	wertvolle Bienenweide, Nüsse fressen Eichelhäher, Kleiber, Spechte, Eichhörnchen, Siebenschläfer und Haselmaus	Vielseitig verwendbar, anspruchslos. Für den Garten gibt es verschiedene großfrüchtige Sorten, davon zwei verschiedene zur besseren Bestäubung pflanzen. Nüsse eßbar.
Holunder, schwarzer *(Sambucus nigra)*	Juni, weiß	ab August, schwarze Beeren	Blüten: wertvolle Bienenweide, Rosenkäfer; Frucht: zahlreiche Vögel	Anspruchsloser Strauch, bevorzugt auf stickstoffhaltigem Boden, geeignet zu Beschattung von Kompostplätzen. Blüten für Holundersekt, Früchte als Holundersuppe oder Gelee verwendbar.
Kornelkirsche *(Cornus mas)*	März bis April, grüngelb	August bis Oktober, kirschgroß, rot	Bienenweide, Früchte: Dompfaff, Kernbeißer, Haselmaus, Siebenschläfer	Sonne bis lichter Schatten, auf verschiedenen Böden. Früchte als Marmelade, Kompott oder Saft verwertbar.

Bäume und Sträucher für Mensch und Tier

Art	Blütezeit und -farbe	Frucht	Nutzen für Tiere	Verwendung
Mispel *(Mespilus germanica)*	Mai bis Juni, weiß	September bis Oktober gelbrot – braun	Bienenweide, auch Wildbienen	Schönes Gartengehölze für geschützten Standort. Früchte schmecken nach Frost am besten.
Rosen, Wildrosen: Hundsrose *(Rosa canina)* und weitere Wildarten: Essigrose *(R. gallica)*, Hechtrose *(R. glauca)*, Zimtrose *(R. majalis)*, Bibernellrose *(R. pimpinellifolia)*, Weinrose *(R. rubiginosa)*	Juni bis Juli, zartrosa	ab September, scharlachrote Hagebutte	Bienenweide, Rosenblattkäfer, Grabwespe, Erdhummel, Frucht: Dompfaff, Grünfink, Kernbeißer	Anspruchslos, für sonnig-luftige Standorte. Früchte lassen sich zu Marmelade, Mus, Gelee, Saft, Wein und anderem verwenden.
Sanddorn *(Hippophae rhamnoides)*	April bis Mai bräunlich, unscheinbar	September bis Oktober, orangerote Scheinbeeren	Bienenweide, Frucht: Fasanen	Braucht lockeren, sandig-kiesigen nicht zu sauren und nicht zu trockenen Boden, verträgt Salz. Früchte mit hohem Vitamingehalt. Als Marmelade und Saft verwenden.
Schlehe *(Prunus spinosa)*	April, weiß	ab September, kirschgroß, blauschwarz	Bienenweide, Früchte: Vögel aller Art, Vogelschutz- und Nistgehölz	Wächst auf steinig-lehmigen Böden, verträgt volle Sonne aber auch lichten Schatten. Stark ausläuferbildend. Früchte schmecken erst nach Frost, verwendbar für Schlehenlikör.
Wacholder *(Juniperus communis)*	April bis Mai, zweihäusig, unscheinbar gelbbraun und hellgrün	August bis Oktober, schwarzbraune Beerenzapfen	Wacholderdrossel und Tauben fressen die Früchte	Sonne bis lichter Schatten auf nicht zu trockenen sandigen oder lehmigen Böden und bei ausreichender Luftfeuchtigkeit. Beeren als Gewürz für Fleisch, Fisch oder Sauerkraut verwendbar.
Weißdorn *(Crataegus monogyna)*	Mai bis Juni weiß	ab September, dunkelrote Beeren	Bienenweide, auch für Wildbienen, Frucht verschiedene Vögel, Vogelschutz- und Nistgehölz	Sonne, nicht zu saure, lehmig-steinige Böden, nicht nährstoffarm. Früchte eßbar, mehlig-säuerlicher Geschmack.

Gesundes Obst aus dem Biogarten

Bei Kern- und Steinobst gibt es verschiedene Baumformen: Hochstämme, Halbstämme, Buschbäume, Spindelbäume und Spalierobst. Hoch- und Halbstämme sind für die meisten unserer heutigen Gärten zu groß. Ihr Vorteil: Spätfröste im Frühjahr können ihnen meistens nichts anhaben. Praktischer sind aber Buschbäume, die weder sehr hoch wachsen noch eine umfangreiche Krone bilden, jedoch früher Früchte tragen. Spindelbäume wurden auf schwachwachsenden Unterlagen veredelt, und bleiben klein. Für kleine Gärten eignen sich auch Spalierobstbäume, die sich sehr gut an einer Hauswand ziehen lassen.

Die richtige Sorte wählen

Das Klima im Garten kann sich von dem regionalen Klima unterscheiden. Liegt der Garten innerhalb eines von Spätfrösten heimgesuchten Gebiets in einer Talsenke, so sind erfrorene Blüten im Frühjahr fast nicht zu vermeiden, wenn man die falsche Sorte wählt. In solchen Lagen sollten die Obstbäume wenn möglich an die höchste Stelle gepflanzt werden. Kalte Luft sammelt sich an der tiefsten Stelle. Erforschen Sie gründlich, welche Sorten sich in Ihrer Umgebung und in ähnlichen Gartensituationen bewährt haben.
Viele Obstsorten können sich nicht selbst bestäuben. Sie brauchen einen, manchmal auch zwei gleiche Bäume einer anderen Sorte in ihrer Nähe, die zur gleichen Zeit blühen. Dies ist bei einigen Apfelsorten, Birnen und Süßkirschen der Fall. Pflaumen, Pfirsich und Sauerkirschen sowie das Beerenobst können einzeln stehen. Sie befruchten sich selber.

Vitaminreiche, aromatische und makellose Äpfel gedeihen ohne Chemie.

Einfache Schnittregeln

Pflaumen, so reichlich, daß fast die Äste bersten, kann nahezu jeder Baum bei guter naturgemäßer Pflege tragen.

Ein gekonnter Schnitt hält die Obstbäume jung und ertragreich. Die Krone eines Obstbaumes besteht aus einem starken Mitteltrieb, der in der Verlängerung des Stammes in der Mitte nach oben wächst, sowie drei im gleichen Abstand waagerecht zur Seite wachsenden Leittrieben und den daraus entspringenden Seitentrieben. Diese tragen dann kurze Fruchttriebe. Bei einem jungen, frisch gepflanztem Baum besteht die Krone aus mehreren dünnen Trieben. Davon werden bis auf den Mitteltrieb und drei Leittriebe alle anderen Triebe entfernt. Um ein Gleichgewicht zwischen dem Wurzelwerk und der Krone herzustellen, schneidet man die verbleibenden Triebe ein Stück zurück, und zwar so, daß sie von der Seite betrachtet ungefähr ein Dreieck bilden. Ein alter Gärtnerkniff: Legen Sie ihre Hände zu einem Dach zusammen und schauen Sie aus einiger Entfernung durch dieses Dreieck auf die Baumkrone. Die Triebe müssen mit ihren Spitzen genau unter dieses Dach passen. In den darauffolgenden Jahren »erziehen« Sie die Krone durch einen fortgesetzten Schnitt, das heißt, Triebe, die parallell zum Mitteltrieb oder zu den Leitästen wachsen, werden entfernt. An den Leitästen entwickeln sich nach und nach Seitentriebe. Ist der Baum älter, so lichtet man die sogenannten Wasserschosse aus. Bei älteren Bäumen stehen manchmal die Seitentriebe zu dicht beieinander, so daß man den einen oder anderen herausschneiden muß. Oder diese Seitentriebe neigen sich mit zunehmender Last nach unten und tragen dann im Bereich ihrer Spitze keine Blüten und Früchte mehr. Gleichzeitig sind aber auf diesen Seitentrieben jüngere Triebe nachgewachsen. Man schneidet in diesem Fall den Seitentrieb bis zu dem nächsten jüngeren Trieb ab, so daß dieser dessen Funktion übernehmen kann. Größere Schnittstellen müssen mit einem Messer geglättet und mit Baumwachs geschlossen werden.

Der richtige Zeitpunkt zum Schneiden liegt für die meisten Obstbaumarten im Nachwinter. Ausnahme: Pfirsich schneidet man während der Blüte, Kirschbäume im Sommer direkt nach der Ernte. Zu dieser Zeit ist die Gefahr, daß sie »bluten« am geringsten. Wasserschosse können bereits im Juni herausgeschnitten werden.

Wenn die Erdbeeren blühen, sollte man sie mit Stroh unterlegen, das später die Früchte vor Feuchtigkeit und Fäulnis schützt.

Verwenden Sie eine gute Schere, möglichst mit zwei schneidenden scharfen Klingen. Die Baumsäge muß ein verstellbares Blatt haben, so daß sie sich an jede Gabelung anpassen läßt. Für Äste bis etwa fünf Zentimeter Durchmesser eignet sich eine Astschere. Sie sollte sehr scharf sein und lange Hebelarme haben. Wichtig: jeder Trieb wird an seiner Basis abgeschnitten. Es dürfen keine Stummeln stehenbleiben. Dicke Äste werden zuerst von unten einige Zentimeter vom Stamm entfernt eingesägt, dann in etwas weiterer Entfernung von oben. Der Ast bricht dann an der unteren Schnittstelle ab. So verhindern Sie, daß der herunterfallende Ast eine Wunde in den Stamm reißt, die sich nur schwer wieder schließen läßt. Anschließend sägt man den verbleibenden Stummel dicht am Stamm ab.

Beerenobst

Je sonniger der Platz für Beerensträucher ist, desto reicher tragen sie Früchte.

Johannisbeeren, Stachelbeeren

Beide gibt es in Form von Sträuchern und Hochstämmchen. Von den Johnannisbeeren gibt es rote, schwarze und weiße Sorten. Johannisbeersträucher brauchen einen humusreichen Boden, der immer gemulcht oder mit Kräutern bedeckt sein sollte. Eine gute Nachbarpflanze ist Wermut. Er hält von Johannisbeeren den Säulenrost fern.

Bei anhaltender Trockenheit empfiehlt es sich, den Boden unter den Johannisbeeren einmal gründlich und durchdringend zu wässern und anschließend reichlich mit Mulch zu bedecken. Ein regelmäßiger Schnitt garantiert Jahr für Jahr für eine reiche Ernte. Bei roten und weißen Johannisbeersträuchern müssen die dreijährigen, bei schwarzen Johannisbeeren die vierjährigen Triebe so dicht wie möglich über dem Boden abgeschnitten werden. Von den jungen, einjährigen Trieben wählt man die kräftigsten aus und läßt ungefähr so viele stehen, wie man von den alten Trieben herausgeschnitten hat. Der beste Zeitpunkt, Johannisbeeren zu schneiden, liegt im Juli, also direkt nach der Ernte. Bei Stachelbeeren empfiehlt es sich, Hochstämmchen zu pflanzen. Beerenstämmchen benötigen immer einen Pfahl. Dieser Pfahl muß bis in die Krone hineinragen und ihr ebenfalls Halt geben.
Achten Sie beim Kauf auf mehltauresistente Sorten. Ein ungünstiger Standort, an dem es zu feucht oder im Sommer zu heiß ist, begünstigt Mehltau. Gegen leichten Befall hilft ein Rückschnitt der infizierten Triebe und

eine vorbeugende Behandlung mit Schachtelhalmtee. Auch Stachelbeersträucher und Stämmchen schneidet man am besten direkt nach der Ernte.
Himbeeren brauchen ein Spalier aus Latten oder gespannten Drähten, das die langen Ruten stützt.
Zum Pflanzen heben Sie am besten einen Graben entlang des Spaliers aus und vermischen die ausgehobene Erde mit Mist oder Kompost. Dann werden die Himbeerpflanzen ausgelegt und gepflanzt. Die Pflege beschränkt sich aufs Auslichten der abgetragenen Ruten nach der Ernte. Ein regelmäßiger Schnitt beugt der Himbeerrutenkrankheit vor.
Mit Brombeeren kann man ganze Zäune oder Hauswände beranken lassen. Brombeeren sind anspruchslos und wachsen auf kärgstem Boden. Mit ihren mehrere Meter langen Ranken lassen sich Spaliere, Zäune, Pergolen und Lauben begrünen. Man schneidet nach der Ernte die zweijährigen Triebe heraus.
Erdbeeren pflanzen wir im Garten in Mischkultur mit unserem Gemüse an. Es gibt einmal- und zweimaltragende Sorten, wobei die erste Ernte im Juni und die zweite aber wesentlich geringere Ernte im September liegt. Von den kleinen Monatserdbeeren kann man den ganzen Sommer ernten. Im allgemeinen läßt die Ernte bei Erdbeeren nach drei Jahren nach. Deshalb vermehrt man sie aus Ablegern jedes Jahr neu und räumt nach der Ernte ein altes Beet ab. Bei den zweijährigen Erdbeeren läßt man nach der Ernte die Ausläufer wachsen und pflanzt sie im August auf ein neues Beet.
Erdbeerpflanzen können von Mehltau, Grauschimmel und Fadenwürmern befallen werden. Eine ideale Vorkultur sind Zwiebeln, die sich ebenso wie Knoblauch oder Porree für die Mischkultur eignen. Gegen Fadenwürmer sollte man lieber Tagetes als Ringelblumen wählen, weil Ringelblumen ebenfalls Mehltau bekommen können.
Wein zählt ebenfalls zum Beerenobst. Eine nach Süden ausgerichtete Mauer ist ein guter Platz für Weinreben. Wichtig: Achten Sie bei der Auswahl darauf, daß die Sorte weder vom Echten Mehltau noch vom Falschen Mehltau befallen wird. Im Nachwinter lichtet man die Reben aus und läßt jeweils nur einige weit auseinanderstehende Haupttriebe stehen.

Schwarze Johannisbeeren haben auch in kleinen Gärten Platz und stellen keine großen Ansprüche.

Jedes Jahr aufs neue: Stauden

Nach der Blüte beginnt die Ruhezeit der Stauden. Blätter und Stengel beginnen allmählich zu welken und vergehen schließlich ganz. Doch der unterirdischer Teil der Stauden, ihr Wurzelwerk, das oft mit Speicherorganen ausgestattet ist, ruht im Boden und sammelt Kraft für die nächste Blütensaison. Auch wenn sie zu manchen Jahreszeiten nicht zu sehen sind, so bringen sie doch Jahr für Jahr immer kräftigere Stengel und Blätter hervor und blühen immer reichlicher. Viele Stauden breiten sich von selbst aus und vermehren sich durch ihre Wurzelausläufer. Andere verschwinden nach einigen Jahren. Gartengestalter fügen Stauden so zusammen, daß sie in ihrer Gesamtheit möglichst rund ums Jahr mit ihrem Wuchs sowie in der Farbe und Form ihrer Blätter und Blüten ein harmonisches Bild abgeben. Das ist eine Kunst, denn vom Erscheinen der ersten Triebspitze bis zum Verwelken des letzten Blatts vergehen Monate, in denen die Staude nur während ihrer Blütezeit attraktiv ist. Und an die Stelle der verblühten Pflanzen sollen ja andere Stauden mit ihrer Blütenpracht treten. Starkwuchernde Stauden dürfen nicht mit zarten Gewächsen kombiniert werden, da diese sehr schnell verdrängt würden. Naturgärtner nutzen naturnahe Standorte aus oder schaffen sie neu und geben nur einige Anstöße, indem sie wenige Pflanzen ansiedeln und der natürlichen Entwicklung mit möglichst geringen Eingriffen freien Lauf lassen.
Der Naturgärtner freut sich über Wildpflanzen, die sich von selber ansiedeln, sofern sie nicht die Eigenschaften von Unkraut annehmen. Königskerze, Nachtkerze oder Mohn dürfen sich aussäen. Mit ein wenig Geschick und behutsamen Eingriffen, vielleicht indem man die eine oder

Fingerhüte gehören zu den zweijährigen Blumen (links). Mohn und Glockenblumen zählen zu den Stauden. Sie wachsen von Jahr zu Jahr kräftiger heran und blühen reich.

andere Wildpflanze oder auch manche Staude verpflanzt, gelingt es immer, die natürliche Harmonie zu fördern.
Gartengestalter teilen die Stauden nach ihrem Wuchscharakter ein: Solitärstauden sind sehr stattliche, hochwachsende Stauden, die es verdient haben, daß man sie einzeln pflanzt. Leitstauden sind ebenfalls sehr kräftig und groß. Man pflanzt sie in kleinen Gruppen oft an mehreren Stellen. Zugeordnete Stauden stimmt der Gartengestalter auf die Leitstauden ab. Sie sind kleiner als Leitstauden und müssen in ihrer Wuchsform, der Blütezeit- und Farbe zu ihnen passen. Mit Füllstauden also niedrigen, flächendeckenden Gewächsen werden die verbleibenden Zwischenräume ausgefüllt. Mit diesen sogenannten Füllstauden gehen Naturgärtner sparsam um. Sie stellen nur wenige Pflanzen zusammen und lassen viel Zwischenraum, der sich von selbst entwickeln soll.
Naturgärtner wollen natürliche Standorte nachahmen, auch um der Tierwelt einen Lebensraum aus zweiter Hand anzubieten. So unterscheiden wir verschiedene Standorte. Stein- und Geröllhalden: Sie liegen in voller Sonne. Bei ihnen wird der Boden bewußt nährstoffarm gehalten. Viele Steine, Schotter

Rittersporn ist eine der größten und stattlichsten Stauden. Seine Blütenrispen im Juni passen gut zu Rosen.

sind locker aufgeschüttet. Auch Bauschutt kann hier verwendet werden. Der Boden ist locker und durchlässig und zwischen den Steinen werden sparsam einige Stauden gepflanzt. Man erkennt diese Stauden oft daran, daß sie sich durch ihre Blätter vor Sonne, übermäßiger Verdunstung und Austrocknung schützen. Sie haben stachelige Blätter wie Disteln oder einen weißgrauen Belag wie Ziest oder sie speichern Wasser in ihrem Laub wie Fetthenne. Magerwiesen und Ruderalflächen liegen ebenfalls in der Sonne und sind trocken. Der Boden ist zumeist sandig oder doch zumindest steinig und schotterreich.
Auf ausgesprochenen Wiesenstandorten ist der Boden lehmig oder humusreich und hat normale Erdfeuchte. Er entspricht ungefähr unserem Gartenboden. Dies ist der richtige Platz, um Storchschnabel und Frauenmantel oder Akeleien anzusiedeln oder ein Meer von Margeriten erblühen zu lassen. Und im feuchten bis nassen Randbereich eines Teiches, der manchmal auch vom Wasser überflutet wird, gedeihen schließlich Wiesen- und Sumpfiris, Sumpfdotterblumen, Binsen und viele andere Gewächse. Wenn dieser Standort nicht von Natur aus feucht ist, muß man den Untergrund abdichten, mit Lehm, Ton oder Folie.
Schließlich gibt es auch schattige Stellen im Garten, die dem natürlichen Waldstandort nachempfunden werden können. Hier siedelt man beispielsweise Farne an.

Königskerzen ziehen in jedem Garten den Blick auf sich (oben links). Mit Löwenmäulchen kann man lebhafte Farbakzente setzen (oben).

Der Standort für alle Stauden muß besonders sorgfältig vorbereitet werden. Lockern Sie den Boden auf jeden Fall tiefgründig mit der Grabegabel. Ausgenommen sind ausgesprochene Feuchtstandorte. Magern Sie den Boden dort ab, wo Sie Stauden aus dem Bereich »Geröllflora« ansiedeln wollen, indem Sie Sand oder Gesteinssplitt unter die Erde mischen. Pflanzen Sie möglichst bei bedecktem Himmel und wässern sie die Stauden vor und nach dem Pflanzen.

Wild- und Gartenstauden

Leitstaude	Blüte	Höhe	Standort und Verwendung	Begleitende Stauden
Akelei *(Auquilegia vulgaris)*	April bis Juni, blau, violett, rosa, weiß	bis 50 cm	Auf humusreichem Boden am Gehölzrand oder in Wiesenstaudengesellschaften	Herzblumen *(Dicentra eximia)*, Gelbe Frühlingsmargerite *(Doronicum caucasicum)*, Nelkenwurz *(Geum coccineum)*, Schlüsselblume *(Primula vulgaris)*
Astern, Herbstastern *(Aster* spec.), verschiedene Arten und Sorten	August bis Oktober, meistens blau bis violett	je nach Art 30 bis 200 cm	Staudenbeete oder Steingarten, lehmig-humoser Boden	Gräser, Herbstanemonen *(Anemone hupehensis)*, Sonnenhut *(Rudbeckia hirta)*
Blutweiderich *(Lythrum salicaria)*	Juni bis September, rosa bis dunkelrot	100 cm	lehmig feuchter Boden, Teichrand	Mädesüß *(Filipendula ulmaria)*, Sumpfschwertlilie *(Iris pseudacorus)*, Wieseniris *(Iris sibirica)*
Diptam *(Dictamnus albus)*	Mai bis Juni, rosa bis weiß	80 cm	trockener, kalkhaltiger Schotterboden, lichter *Schatten*	Graslilie *(Anthericum liliago)*, Waldanemone *(Anemone sylvestris)*
Distel *(Eryngium campestre)*	Juli bis August grünlich-weiß	50 cm	sonnigwarme Plätze, kalkhaltiger Schotterboden	Blaustrahlhaver *(Avena sempervirens)*, Ziest *(Stachys lanata)*
Eisenhut *(Aconitum* spec.)	Juni bis Oktober, blau	100 bis 130 cm	Frischer, humoser Boden, auch feuchter Standort, Sonne bis Halbschatten	Herbstanemone *(Anemone japonica)*, Farne
Flammendes Herz *(Dicentra spectabilis)*	April bis Mai, rosarot	60 cm	nährstoffreicher frischer Boden, in Anlehnung an Gehölze	Veilchen *(Viola odorata)*, Farne
Katzenminze *(Nepeta cataria)*	Juni bis September, weiß, rot gegefleckt	70 cm	Sonne, lehmig-sandiger Schotterboden	Steinkraut *(Alyssum saxatile)*, Mädchenauge *(Coreopsis verti*cillata)
Margerite *(Chrysanthemum leucanthemum)*	Mai bis Juli, weiß	60 cm	sonnige, nährstoffreiche Wiesen	Wiesenknöterich *(Polygonum bistorta)*, Trollblume *(Trollius europaeus)*
Mohn, Türkischer Mohn *(Papaver orientale)*	Mai bis Juni, lachsrosa	80 cm	sonnige Rabatten	Rittersporn *(Delphinium* spec.) Ochsenzunge *(Anchusa azurea)* Katzenminze *(Nepeta cataria)*

Wild- und Gartenstauden

Leitstaude	Blüte	Höhe	Standort und Verwendung	Begleitende Stauden
Pfingstrose *(Paeonia lactiflora)*	April bis Juni, einfach oder gefüllt, rosa und rot	80 cm	frische lehmig-humoser Boden in voller Sonne	Rittersporn *(Delphinium* spec.)
Phlox *(Phlox paniculata)* mit vielen Sorten	Juni bis Juli rosa, rot, weiß	80 bis 90 cm	nährstoffreicher humoser Boden, volle Sonne	Sonnenbraut *(Helenium* spec.), Sonnenauge *(Heliopsis)*
Rittersporn *(Delphinium-*Hybriden) zahlreiche Sorten	Juni bis Juli und September, blau in verschiedenen Tönen und weiß	120 bis 180 cm	nährstoffreicher humoser Boden, volle Sonne	Margerite *(Chrysanthemum leucanthemum)*, Mädchenauge *Coreopsis verticillata)*, Mohn *(Papaver orientale)*, Sonnenbraut *(Helenium* spec.), Strauchrosen
Schafgarbe *(Achillea millefollium)*, auch verschiedene Kultursorten	Juni bis September, weiß, rot	60 cm	mäßig trockener sandig-lehmiger Boden, volle Sonne	Pfirsichblättrige Glockenblume *(Campanula persicifolia)*, Salbei *(Salvia nemerosa)*
Sonnenbraut *(Helenium autumnale)*	Juli bis Oktober, gelb	120 cm	sandig-lehmiger Boden, volle Sonne	Rittersporn *(Delphinium* spec.), Phlox *(Phlox paniculata)*, Sonnenhut *(Rudbeckia nitida)*
Sonnenhut *(Rudbeckia laciniata)*	Juli bis Oktober, gelb	200 cm	frischer Boden, volle Sonne	Rittersporn *(Delphinium* spec.), Wucherblume *(Chrysanthemum maximum)*, Ehrenpreis *(Veronica longifolia)*
Mädesüß *(Filipendula ulmaria)*	Juni bis August, gelblich weiß	100 cm	feuchte, nährstoffreiche Wiese, Teichufer	Blutweiderich *(Lythrum salicaria)*, Himmelsleiter *(Polemonium caeruleum)*, Wiesenknöterich *(Polygonum bistorta)*, Trollblume *(Trollius europaeus)*
Trollblume *(Trollius europaeus)*	Mai bis Juni, gelb	50 cm	kühl-feuchte, nährstoffreiche Wiese, lehmiger oder humoser Boden	Sumpfdotterblume *(Caltha palustris)*, Sumpfvergißmeinnicht *(Myosotis palustris)*, Pfennigskraut *(Lysimachia nummularia)*
Wiesenraute *(Thalictrum flavum)*	Juni bis August, gelb	100 cm	feuchter, lehmig-humoser Boden	Storchschnabel *(Geranium* spec.), Eisenhut *(Aconitum napellus)*
Wiesensalbei *(Salvia pratensis)*	April bis September		trockener, magerer Boden	Karthäusernelke *(Dianthus carthusianorum)*, Knäuelglockenblume *(Campanula glomerata)* Skabiosen-Glockenblume *(Centaurea scabiosa)*

Sommerblumen

Die einjährigen Sommerblumen müssen jedes Frühjahr neu ausgesät werden. Sie blühen den ganzen Sommer hindurch. Doch den ersten Herbstfrost im September oder Oktober überleben diese Blumen nicht.
Die Zweijährigen, wie beispielsweise die Königkerze, der Fingerhut oder das Stiefmütterchen sät man erst im Mai oder Juni aus. Sie wachsen im ersten Sommer zu kräftigen Blattpflanzen heran, blühen aber noch nicht. Aber sie überdauern ohne weiteres den Winter, beginnen im darauffolgenden Frühling zu wachsen und blühen. Wenn ihre Blütezeit vorüber ist, säen sie sich selbst aus und vertrocknen. Einjährigen Sommerblumen kann man ein eigenes Beet geben oder sie zwischen Stauden oder dem Gemüse ansiedeln. Als Schnittblumen eignen sich vor allem Arten, die langstielig sind und lange in der Vase halten. Diese Blumen sind für einen häufigen Schnitt sogar dankbar und blühen um so reicher, je häufiger man sie schneidet.
Ein- und zweijährige Blumen eignen sich hervorragend, um einen jungen Garten zu begrünen. Siedeln Sie bei der Erstbegrünung mit Sommerblumen auch solche Arten an, die die Bienen, Hummeln, Falter und manche anderen Insekten anlocken. So machen Sie diese Tiere in Ihrem Garten heimisch. Bei der richtigen Gehölz- und

Ringelblumen lassen sich gut mit Gemüse und Kräutern kombinieren. Sie schützen vor Fadenwürmern.

Stockrosen sind zweijährige Blumen. Sie können über zwei Meter hoch wachsen.

Staudenauswahl finden die Insekten außerdem bei den Blüten dieser dauerhaften Pflanzen zu einem späteren Zeitpunkt Nahrung. Sommerblumen sät man am besten breitwürfig auf einem Beet aus. Übersieben Sie die Saat einfach mit einer Mischung aus Komposterde und Sand und drücken Sie das Ganze leicht mit einem Brettchen an. Abschließend wird mit einer feinen Brause angegossen. Decken Sie dieses Beet am besten mit einem Vlies ab. Es läßt genügend Licht durch, schützt aber vor direkter Sonneneinstrahlung und starker Verdunstung. Wenn die Saat aufgegangen ist und die Sämlinge zu kräftigen jungen Pflanzen herangewachsen sind, sollten Sie das Vlies entfernen. Dann können Sie die Sommerblumen verpflanzen oder einfach weiterwachsen lassen wo sie sind. Bei Zweijährigen ist das Verpflanzen eine hilfreiche Maßnahme. Man zieht sie auf einem Beet heran und pflanzt sie im Spätsommer auf ihren endgültigen Standort. Dort fassen ihre Wurzeln bereits vor dem Winter Fuß, und im darauffolgenden Frühjahr wachsen kräftige Blütenpflanzen heran.
Viele Gartenfreunde haben auch ihre Freude daran, selbst Saatgut zu gewinnen. Dies ist bei den meisten Sommerblumen leicht möglich. Allerdings darf es sich dann nicht um Hybriden handeln, denn die Nachkommen von ihnen teilen sich wieder in die Erbeigenschaften der Elterngeneration auf, so daß Sie nie die gewünschten Pflanzen bekommen. Wenn Sie selbst Saatgut gewinnen wollen, lassen Sie die Samenkapseln an der kräftigsten Pflanze ausreifen und trocknen Sie sie an einem luftigen, kühlen Ort. Im nächsten Frühjahr können Sie den Samen aus den Kapseln herausschlagen und aussäen. Naturgärtner lassen auch gern ein paar Blumen stehen und sie die Aussaat selber besorgen. Die Samen gehen zur rechten Zeit dort auf, wo ihnen der Standort zusagt, und entwickeln sich zu robusten, widerstandsfähigen Pflanzen. Selbst Schnecken können ihnen nichts anhaben. Vor allem Ringelblumen, Sonnenblumen und die Jungfer im Grünen säen sich sehr leicht selber aus. Auch Königskerzen, Fingerhut, Vergißmeinnicht und sogar Stiefmütterchen vermehren sich auf diese Weise immer weiter.
Eine weitere Möglichkeit, Ein- und Zweijahrsblumen im Garten anzusiedeln, bietet die Blumenwiese. Man sollte den Boden, auf dem man die Mischung aussät, vorher mit einer Starkzehrerkultur abmagern. Wenn die Erde zu nährstoffreich ist, wachsen die Gräser stärker als die Blumen und verdrängen sie. Der Boden muß gründlich gelockert werden. Man setzt aber weder Dünger noch Kompost zu, sondern allenfalls etwas Sand. Dann wird die Oberfläche sauber abgeharkt und der Samen breitwürfig ausgestreut. Anschließend harkt man die Saat leicht ein und walzt sie ab oder tritt sie mit Brettern fest. Bis die Saat aufgegangen ist, darf der Boden nie austrocknen. Die Samenmischungen für Blumenwiesen werden pauschal für ganz Deutschland und alle Böden zusammengestellt. So ist es ganz verständlich, daß an einem Ort diese Art, an einem anderen eine andere überwiegt.

Sommerblumen

Sommerblume	ein- oder zweijährig	Blütezeit und -farbe	Aussaat und Verwendung
Aster, Sommeraster *(Callistephus chinensis)*	einjährig	Juni bis September, rosa, rot, blau, violett und weiß, verschiedene Formen	ab April, Mai ins Freie, Schnittblumen, auch als Zwischenkultur geeignet.
Balsamine *(Impatiens balsamina)*	einjährig	Juni bis September, weiß, rosa, violett	ab April auf ein geschütztes Saatbeet, später an warmen sonnigen Platz pflanzen.
Bechermalve *(Lavaterra trimestris)*	einjährig	Mai bis September	April bis Juni an Ort und Stelle.
Fingerhut *(Digitalis purpurea)*	zweijährig	Juni bis Juli, purpurrot, weiß, cremefarben	Juni auf ein Saatbeet aussäen, im September an endgültigen Standort pflanzen.
Königskerze *(Verbascum)*, verschiedene Arten	zweijährig	Juni bis Juli, gelb	Aussaat ab Juni, im September an endgültigen Standort pflanzen; sät sich später immer wieder selber aus.
Levkoje *(Matthiola incana)*	einjährig	Mai bis Juli, verschiedene Farben	Aussaat April bis Juni ins Freie, wird bis 80 cm hoch.
Löwenmäulchen *(Antirrhinum majus)*	einjährig	Juni bis Oktober	Aussaat ab April ins Freie. Vorkultur unter Glas ab Januar möglich, dann pikieren und ab April ins Freie pflanzen. Bei Selbstaussaat überwintern Sämlinge im Freien.
Mädchenauge *(Coreopsis tinctoria)*	einjährig	Juni bis September	Aussaat April bis Juni an Ort und Stelle an sonnigen Platz.
Mandelröschen *(Clarkia elegans)*	einjährig	Juni bis September	Aussaat April bis Juni an Ort und Stelle.
Mohn *(Papaver)*, verschiedene Arten, z.B. Kalifornischer Mohn, Islandmohn, Klatschmohn	ein- und zweijährig	Juni bis Juli, rosa, rot, gelb, weiß, lachs, je nach Art	Aussaat Mai, Juni, zweijährige Arten auch im Herbst, sonniger, nicht zu feuchter Standort.
Reseda *(Reseda odorata)*	einjährig	Juli bis Oktober	Aussaat April an Ort und Stelle, duftende Blüten.
Ringelblumen *(Calendula officinalis)*	einjährig	Mai bis Oktober, gelb, orange	Aussaat ab April an Ort und Stelle. Duftende Heilpflanze, Mischkulturpartner, sät sich selber aus, Sämlinge überdauern den Winter; bei zu dichtem Stand kann es zu Mehltaubefall kommen.
Rittersporn, Feldrittersporn *(Delphinium ajacis)*	einjährig	Juni bis September, blau	Aussaat ab April, volle Sonne.

Akelei blüht in vielen Farben.

Eisenhut eignet sich für Wildgärten.

Sommerblumen

Sommerblume	ein- oder zweijährig	Blütezeit und -farbe	Aussaat und Verwendung
Schmuckkörbchen *(Cosmos bipinnatus)*	einjährig	Juli bis Oktober, rosa, rot, weiß	Vorkultur ab März unter Glas ist empfehlenswert, ab Mai auf ein sonniges Beet umpflanzen.
Sommerazalee *(Godetia hybrida)*	einjährig	Juni bis Oktober, rosa, rot	Aussaat April bis Juni an sonnigen Stellen.
Sonnenblume *(Helianthus annuus*	einjährig	gelb, braun	Aussaat April, auch zweijährige Kultur mit Aussaat im Spätherbst möglich.
Sonnenhut *(Rudbeckia hirta)*	einjährig	Juli bis September, gelbbraun	Aussaat April, Mai, ausladend, bis 80 cm hoch, paßt gut zu Stauden.
Stockrose *(Alcea rosea)*	zweijährig	Juli bis August, rosa, rot	Aussaat Mai, Juni, im August umpflanzen, sät sich leicht selbst aus, bis zu 250 cm hoch.
Strandflieder *(Limonium sinuatum)*	einjährig	Juli bis Oktober, blau und gelb	Aussaat im März unter Glas empfehlenswert, ab Ende April auf sonniges Beet pflanzen.
Strohblume *(Helicrysum bracteatum)*	einjährig	Juli bis September, viele Farben	Aussaat April, Mai, nicht zu feuchter Standort, volle Sonne, Blüten zum Trocknen kurz vor dem Aufblühen schneiden.
Studentenblume *(Tagetes patula nana, Tagetes erecta)*	einjährig	Mai bis Oktober, gelb, gelbbraun	Aussaat ab März, wichtige Mischkultur- und Gründüngungspflanze, empfindlich gegen Schneckenfraß.
Zinnie *(Zinnia elegans)*	einjährig	Juli bis Oktober, rosa, rot, gelb, orange	Aussaat April, Mai, dankbare Schnittblumen.

Kräutergarten

Kräuter sind für die ernährungsbewußte Hausfrau ebenso unentbehrlich wie für den Biogärtner. Viele von ihnen sind auch wichtige Mischkulturpartner.
Kräuter enthalten ein hohes Maß an Duft- und Würzstoffen, sowie an ätherischen Ölen. Sie finden in der Küche als Würze für Salate und Speisen, für Tees und in begrenztem Maße für die Hausapotheke Verwendung.

Ein- und zweijährige Kräuter werden in der Regel in die Mischkulturen eingegliedert. Sie sind für viele Gemüsearten wertvolle und fördernde Partner. Die Nachbarschaft des Dills tut jeder Gemüsesaat wohl. Ausdauernde Stauden fügen sich auch gut als Partner in Gehölz- und Staudenpflanzungen ein. Rosen und Lavendel sind eine beliebte Kombination. Auch in den Steingarten und in Schottergesellschaften können Kräuter wie zum Beispiel Lavendel oder Ysop eingegliedert werden. Thymian, Schnittlauch und Tripmadam gedeihen sogar auf dem Dach.
Besonders schön ist ein Kräuterbeet oder ein Kräutergärtchen anzulegen, in dem alle Kräuter, die man sich wünscht, zusammengefaßt sind. Kräuter haben auf jeden Fall einen sonnigen Platz verdient, nur dort können sie ihr ihr Aroma richtig entfalten. Außerdem verlangen Kräuter immer einen durchlässigen, möglichst nährstoffarmen Boden. Je stärker die Kräuter mit Nährstoffen versorgt werden, desto besser wachsen sie zwar, desto geringer ist jedoch ihr Gehalt an wertvollen Inhaltsstoffen.

Bodenvorbereitung

Wer einen Kräutergarten anlegt, sollte die Erde so vorbereiten, daß die Kräuter auf lange Zeit versorgt sind. Lehmiger Boden muß durchlässiger gemacht werden. Arbeiten Sie also Sand oder Gesteinssplitt in den Boden ein und sorgen sie für eine locker krümelige Struktur. Auch das Kräuterbeet braucht Kompost, der aber möglichst gut verrottet sein muß. Einen sandigen Boden sollten Sie mit

Ein reichhaltiges Kräutergärtchen läßt sich auf kleinstem Raum anlegen.

Basilikum (oben links) ist ein einjähriges Gewürzkraut. Es braucht viel Sonne, ebenso wie Lavendel (oben), der als ausdauerndes Gewächs mit einem gelegentlichen Rückschnitt vorlieb nimmt.

Lehm oder Ton anreichern und Gesteinsmehl hinzugeben. Bei einem sandigen Boden ist eine reichliche Portion Mist gerade das Richtige.

Gestaltung

Für ein Kräutergärtchen gibt es viele Möglichkeiten der Gestaltung. Starkwuchernde Kräuter brauchen ihren Platz für sich. Besonders sonnenhungrige Kräuter aus dem mediterranen Bereich, man erkennt sie meistens an dem silbergrauen Laub, müssen den sonnigsten und trockensten Platz bekommen, den es gibt. Einjährige Kräuter wie Petersilie und Dill, Boretsch bekommen einen humusreichen und normalfeuchten Standort. Und wer die Brunnenkresse ansiedeln will, muß für sie sogar ein kleines Wasserbecken schaffen, das möglichst etwas beschattet sein sollte. Rosmarin übersteht in unseren Breiten meistens nicht den Winter. Deshalb muß er einen sonnigen Platz erhalten, wo man ihn leicht ausgraben kann, oder man hält ihn gleich im Kübel. Wermut verträgt sich mit den meisten anderen Nachbarn nicht. Auf Johannisbeersträucher wirkt er sich jedoch wohltuend aus. Auch bei anderen stark wuchernden Kräutern wie zum Beispiel Liebstöckel oder Estragon ist es eine Überlegung wert, sie außerhalb des Kräuterbeets anzusiedeln.

Kräuterspirale

Dieses Kräutergärtchen ist von einer Trockenmauer eingefaßt, die sich wie eine Spirale im sanften Bogen nach oben schlängelt. Ins Innere dieser Trockenmauer werden abschnittsweise unterschiedliche Mischungen von Erde eingefüllt, die den jeweiligen Kräutern gerecht werden. Im unteren, feuchten Bereich, ist die Erde fetter und humusreicher als im oberen, wo die Erde durchlässig, sandig und steinig ist. Oben werden die sonnenhungrigen Kräuter angesiedelt, die im mediterranen Klima auf steinigem Untergrund wachsen, und am Fuße der Spirale die grünen Tee- und Küchenkräuter. Ganz unten am Fuß der Spirale befin-

det sich ein kleiner Tümpel, in dem Kräuter wie Brunnenkresse und Wasserminze angesiedelt werden.

Eine Kräuterspirale darf nicht so klein angelegt werden, daß die starkwachsenden Kräuter alles andere überwuchern. Die Brunnenkresse gedeiht nur im kühlen Wasser. Der kleine Tümpel an ihrem Fuß sollte also nicht zu klein und außerdem leicht beschattet sein.

Führen Sie die Trockenmauer allmählich in die Höhe und beachten Sie, daß die Spirale auch Sonnen- und Schattenseiten hat. Setzen Sie große starkwachsende Kräuter an die Nordseite, kleine sonnenhungrige Arten vor ein nach Süden geneigtes Stück der Trockenmauer.

Man kann die Kräuter ebenso auch in einem terrassenförmig gestalteten Gärtchen ansiedeln, in dem es ebenso verschiedene Lebensbereiche gibt wie in der Kräuterspirale.

Das echte heimische Johanniskraut bildet üppige Horste und ist als Heilpflanze vielseitig verwendbar.

Am besten entfaltet der Thymian sein würziges Aroma an einem trockenen und sonnigen Platz.

Aussaat, Pflanzung, Pflege, Ernte

Für nahezu alle Küchenkräuter gibt es Samen im Fachhandel zu kaufen. Bei vielen ausdauernden Gewächsen lohnt sich die Aussaat nicht, denn man braucht oft nur eine einzige Pflanze. Kräuter wie Petersilie, Dill, Schnittlauch, Bohnenkraut sät man an Ort und Stelle aus. Empfindlichere Kräuter wie Basilikum sollte man besser in kleinen Töpfen heranziehen und, wenn sie kräftig genug sind, an ihren Platz im Freiland verpflanzen.

Die Pflege der Kräuter beschränkt sich auf gelegentliches Lockern zwischen den Pflanzen und eine Kompostgabe.

Geschnitten wird meist zur Ernte oder nach der Blütezeit.

Winterschutz benötigt Rosmarin, den man in sehr kühlen Lagen am besten ins Haus holt.

Von den Kräutern werden unterschiedliche Organe geerntet: Blätter, Blüten, Samen und manchmal auch die Wurzeln.

Die Erntezeit richtet sich danach, wann diese Organe entsprechend entwickelt und ausgereift sind, also am meisten von ihren wertvollen Inhaltsstoffen gespeichert haben. Sie liegt meistens im Juli.

Küchenkräuter wie zum Beispiel Petersilie werden in den meisten Fällen frisch und fortlaufend geerntet. Viele Kräuter lassen sich trocknen oder in Öl und Alkohol konservieren.

Kräuter für den Biogarten

Kraut	ein- oder mehrjährig	Blütezeit und -farbe	Standort	Bemerkung
Alant *(Inula helenium)*	ausdauernd	Juli bis September, gelb	tiefgründiger lehmiger Boden, volle Sonne	Tee- oder Badezusatz aus Wurzelstücken, schleimlösend bei Bronchitis.
Anis *(Pimpinella anisum)*	einjährig	Juli bis August, weiß	Sonniger Standort und lockerer Boden	Aussaat April, Samen als Würze zum Backen, für Tee und Likör, Kraut zu Gemüse und Salaten, aber auch an Suppen verwendbar.
Arnika *(Arnika montana)*	ausdauernd	Juni, Juli, gelb	nicht zu feuchter, lockerer Boden, sonnig	geschützte Pflanzenart
Basilikum *(Ocimum basilikum)*	einjährig	Juni bis August, unscheinbar, lockt jedoch Bienen an	sonnig, warm und geschützt, humusreicher, feuchter Boden	Aussaat im Mai, guter Mischkulturpartner von Gurken, Blätter als Salatwürze und zu Pizza.
Beifuß *(Artemisia vulgaris)*	ausdauernd	ab August, weiß-grün, unscheinbar	anspruchslos, Sonne und Halbschatten	bis zwei Meter hoch, braucht viel Platz; frische Blätter als Bratengewürz in Fleisch- und Geflügelgerichten mitkochen.
Bergbohnenkraut *(Satureja montana)*	ausdauernd	September, weiß, rosa, violett	nährstoffarmer, lockerer Boden, sonniger Platz	Triebspitzen und Blätter als Gewürz zu Gemüse, Fleisch, Suppen.
Bohnenkraut *(Satureja hortensis)*	einjährig	Juli bis September, weiß, rosa, lila	nicht zu nährstoffreicher Boden, möglichst sonnig	Mischkulturpartner zu Busch- und Stangenbohnen; Würze zu Bohnengemüse.
Borretsch *(Borago officinalis)*	einjährig	ab Juni, blau	feucht, nicht zu sauer, Sonne bis Halbschatten	Aussaat April, sät sich später selber aus. Guter Mischkulturpartner zu Gurken; Blätter als Zusatz zu Gurken und Salaten.
Brunnenkresse *(Nasturtium officinale)*	zweijährig	Mai bis September, weiß	kühles flaches Gewässer oder dauerfeuchter Boden	Vorkultur im Juni in Gefäßen empfehlenswert, im August auspflanzen.
Dill *(Anethum graveolens)*	einjährig	ab Juni	lockerer Boden, sonnig und warm	Aussaat April, Mischkulturpartner für viele Gemüsearten; vielseitig verwendbares Gewürz z.B. für Salate und in Kräutersoßen; Dillblüten und Samen auch zum Einlegen von Gurken etc.

Kräuter für den Biogarten

Kraut	ein- oder mehrjährig	Blütezeit und -farbe	Standort	Bemerkung
Dost *(Oreganum vulgare)*	ausdauernd	von Juni bis September, weiß	sonnig und trocken	Blätter und Triebe zum Würzen von Salaten und Gemüsen, auch als Pizzagewürz.
Eberraute *(Artemisia abrotanum)*	ausdauernd	nicht bemerkenswert	sonnig, durchlässiger lehmig-humoser Boden	Triebspitzen zu Salaten und anderen Gerichten sowie Kräutertees.
Estragon *(Artemisia dracunculus)*	ausdauernd	ab Juni, gelbgrün, unscheinbar	guter Gartenboden, volle Sonne	Beilage zu Salaten, Suppen, Soßen, zum Einlegen von Gurken und für Tees.
Fenchel *(Foeniculum vulgare)*	ausdauernd	Juli bis Oktober	nicht zu saurer Gartenboden, sonnig, warm und geschützt, Winterschutz erforderlich	Triebe zum Würzen von Salaten Samen für Tee.
Johanniskraut *(Hypericum perforatum)*	ausdauernd	Juni bis September gelb	nicht zu feuchter, durchlässiger Boden	Blüten und Blätter für Johanniskrautöl und Tee.
Kamille *(Chamomilla recutiita)*	einjährig	Mai bis August, weiß	sonnig, nicht zu nährstoffreicher Boden	Aussaat April, Blüten für Tee und Bäder, Kamilledampfbad gegen Erkältungen.
Kapuzinerkresse *(Tropaeolum majus)*	einjährig	Mai bis September	sonnig bis halbschattig, sonst jeder normale Gartenboden	Aussaat April, Blätter und Blüten für Salat.
Kerbel *(Anthriscus cerefolium)*	einjährig	Juni, weiß	feuchter Boden, Sonne bis Halbschatten	Aussaat ab März, sät sich nach der Blüte selber aus, Kräuter und Blätter für Suppen und Kräuterbutter.
Koriander *(Coriandrum sativum)*	einjährig	Juni bis Juli, weiß	sonnig, lockerer Boden	Aussaat April, Samen zum Einlegen.
Kümmel *(Carum carvi)*	zweijährig	Mai bis Juni	feuchter Boden und Luftfeuchtigkeit	Samen zu Kohl
Lavendel *(Lavandula angustifolia)*	ausdauernd	ab Juli, blau	vollsonnig, trocken, lockerer Boden	Duftsträuße.
Liebstöckel *(Levisticum officinale)*	ausdauernd	Juli bis August	feuchter Boden, sonnig bis halbschattig	Blätter zum Würzen von Suppen, Eintopf, Soßen.
Majoran *(Origanum majorana)*	einjährig	Juni bis September	sonnig, durchlässiger Boden	Aussaat ab Mai, frisches Kraut zu Fleischgerichten.

Kräuter für den Biogarten

Kraut	ein- oder mehrjährig	Blütezeit und -farbe	Standort	Bemerkung
Minze *(Mentha)*, verschiedene Arten	ausdauernd	je nach Art: Juni bis August, grünlich-weiß oder zart-lila	feuchter Boden, volle Sonne	Tees, in kleinen Mengen zu Salaten u. a.
Petersilie *(Petroselinum crispum)*	zweijährig	ab Juni im zweiten Jahr	frischer Gartenboden, lichter Schatten	Aussaat ab März, guter Mischkulturpartner für Tomaten, Nachbarschaft zu Salat sollte man unbedingt meiden, Universalgewürzkraut für fast alle Gerichte.
Pimpinelle *(Sanguisorba minor)*	ausdauernd	Mai bis Juni, rot	frischer Gartenboden	Blätter zu Salaten und Kräutersuppen.
Rosmarin *(Rosmarinus officinalis)*	ausdauernd	Mai bis Juli, blau, violett	sonnig geschützt, vor allem im Winter, durchlässiger Humusboden	Triebspitzen zu Fleischgerichten sowie zu Gemüse.
Salbei *(Salvia officinalis)*	ausdauernd	Juni bis Juli, violett	sonnig, durchlässiger Humusboden	Blätter als Aufguß zum Gurgeln bei Halsentzündungen.
Schnittlauch *(Allium schoenoprasum)*	ausdauernd	Juni bis August, lila	frisch-feuchter Gartenboden, Sonne und Halbschatten	vielseitig, zu fast allen Gerichten sowie aufs Butterbrot.
Thymian *(Thymus)* verschiedene Arten	ausdauernd	ab Mai, rosa, violett	sonnig, trockener und durchlässiger Boden	gedeiht auch auf begrünten Dächern, Gewürz für verschiedene Gemüse- und Fleischgerichte, Zitronenthymian zum Tee.
Tripmadam *(Sedum reflexum)*	ausdauernd	Juni bis August, gelb	sonnig magere Böden	geeignet für Steingarten und Dächer, Verwendung in Fruchtsäfte und Tees. Keine blühenden Pflanzen verwenden.
Wermut *(Artemisia absinthum)*	ausdauernd	ab Juli, klein, gelb	sonnig, trockener, durchlässiger Boden	in kleinen Mengen zu Fleisch und Eintopf, aber auch als Kräutergeist.
Ysop *(Hyssopus officinalis)*	ausdauernd	ab Juli, meistens blau	vollsonnig, trockener Boden	Frische Triebe zu Salaten, Gemüse und Fleisch.
Zitronenmelisse *(Melissa officinalis)*	ausdauernd	ab Juli, weiß	Sonne bis Halbschatten, humoser, lockerer nicht zu trockener Boden	Tee, Salate, verschiedene Gerichte.

Gemüse: Arten und Sorten

Um die Auswahl bei der Zusammenstellung von Mischkulturen in Abstimmung auf die Fruchtfolgen zu erleichtern, sind die folgenden Gemüsearten- und sorten nach ihren Nährstoffansprüchen zusammengestellt, also nach Stark-, Mittel- und Schwachzehrern. Hilfreich ist eine weitere Untergliederung nach Blatt- Wurzel- und Fruchtgemüsen, sowohl was die Wirkung auf den Boden betrifft, als auch für fortgeschrittene Biogärtner, die kosmische Rhythmen in ihre gärtnerische Planung einbeziehen wollen. Starkzehrendes Gemüse

Starkzehrer

Blattgemüse

Kohl
Von diesem vielseitigen Gemüse gibt es Arten, bei denen verschiedene Pflanzenteile zur Ernährung geerntet werden: die Blätter beim Kopfkohl oder beim Blattkohl wie Grünkohl; die Blattknospen beim Rosenkohl sowie die Blütenknospen beim Blumenkohl und Brokkoli.
Alle Arten haben einen mehr oder weniger hohen Nährstoffbedarf und können zu den Starkzehrern gezählt werden.
Boden: Er muß tiefgründig gelockert und feucht sein. Kohl braucht einen pH-Wert von sieben, bei niedrigeren Werten entwickelt er sich weniger gut.
Nährstoffansprüche: Das Beet sollte frisch mit gut verrottetem Mist oder einem organischen Volldünger (z. B. Oscorna) versorgt sein. Während der Wachstumsphase kann zusätzlich mit Brennessel- oder Beinwelljauche gedüngt werden. Beginnen sich die Kohlköpfe, Blatt- oder Blütenknospen zu bilden, stellt man diese Düngung ein, sonst kann der Nitratgehalt zu hoch ansteigen, der Kohl verliert dann an Geschmack und stinkt im Kochtopf.

Anzucht: Es empfiehlt sich eine Aussaat im Frühbeetkasten oder in Aussaatgefäßen. Später werden die Setzlinge im Reihenabstand von 50 Zentimetern und im Abstand innerhalb der Reihe von 40 Zentimetern gepflanzt. Einen Tag vor dem Pflanzen werden die Sämlinge gründlich gewässert. Zum Umpflanzen aufs Beet hebt man die Jungpflanzen mit einer Pflanzschaufel vorsichtig aus der Erde und taucht ihre Wurzeln in eine Lehmschlämme.
Algenkalk, dünn in die Pflanzlöcher gestreut, hilft vorbeugend gegen Kohlhernie. Anschließend ohne Brause aus der Kanne, mit Regenwasser, abgestandenem Leitungswasser oder Brennesseljauche angießen.

Ob Spitz-, Rot- oder Weißkohl – alle haben großen Nährstoffbedarf.

Weißkohl, Rotkohl, Wirsingkohl

Weißkohl, frühe Sorten: 'Dithmarscher früher', 'Marner Allfrüh', 'Filderkraut'
Rotkohl: 'Frührot', 'Marner Frührot'
Wirsingkohl: 'Eisenkopf Vorbote 3'
Aussaat: ab März unter Glas
Pflanzung: ab April ins Freiland
Ernte: Ab Ende Juni
Vorkultur: Feldsalat, Spinat (überwintert),
Mischkultur: Erbsen (in die Beetmitte, dann geringere Grunddüngung des Kohls erforderlich), Knollensellerie, Kopfsalat, Spinat, Porree, Kartoffeln
Nachkultur: Buschbohnen Späte Möhren, Rote Bete, Winterendivien, Spinat, Winterzwiebeln.
Weißkohl, späte Sorten: 'September', 'Dauerwirsing', 'Braunschweiger'
Aussaat: ab April
Pflanzung: ab Mai
Vorkultur: Mangold (überwintert)
Mischkultur: siehe oben, Tomaten, am Rand Kamille, Koreander und Kümmel zur Aromaverbesserung.
Nachkultur: Spinat und Feldsalat unter Vlies, sonst mulchen und Erbsen oder frühe Möhren ab März
Pflanzenschutz: Mischkultur mit Sellerie und Tomaten wehrt Kohlfliege ab. Gegen Blattläuse Holzkohlenstaub oder Steinmehl stäuben.

Blumenkohl

Sorten: 'Erfurter Zwerg', 'Nekkarperle'

Aussaat: März (unter Glas), April/Mai (Freiland)
Pflanzzeit: April/Mai
Ernte: Juli/August bis Oktober
Mischkultur: wie oben
Vorkultur: Erbsen
Nachkultur: Winterzwiebeln, Spinat Feldsalat

Brokkoli
Sorten: 'Atlantic', 'Sperlings Sparko', 'Futura'
Aussaat: April
Pflanzzeit: Mai/Juni
Ernte: Juli bis Oktober
Vorkultur: Winterspinat
Mischkultur: wie andere Kohlarten
Nachkultur: Möhren, Feldsalat, Winterpostelein.

Rosenkohl
Dieser Kohl darf nicht zu reichlich mit Nährstoffen versorgt werden, da sonst die Knospen locker werden und nicht verwertbar sind.
Im September Spitzen ausbrechen, um die Bildung der »Röschen« zu fördern.
Sorten: 'Hilds Ideal', 'Harald 51', 'Wilhelmsburger'
Aussaat: April/Mai
Pflanzzeit: Juni
Ernte: nach den ersten Frösten bis in den Winter hinein
Vorkultur: Kartoffeln, Erbsen
Mischkultur: Endivien, Feldsalat, Porree, Spinat
Nachkultur: Fenchel, Pastinaken (im Frühjahr)

Grünkohl
Auch dieser Winterkohl muß bei guter aber mäßiger Nährstoffversorgung herangezogen werden.
Sorten: 'Halbhoher grüner Krauser', 'niedriger grüner Krauser'
Aussaat: Mai/Juni
Pflanzzeit: Juli/August
Ernte: ab Oktober bis ins nächste Frühjahr hinein
Vorkultur: Salate
Nachkultur: Erbsen

Chinakohl
Dieser Kohl braucht eine reichliche Versorgung mit Kompost und gleichbleibende Bodenfeuchtigkeit.

Blumenkohl braucht lange vom Setzling bis zur Ernte (links). Die Knospen des Rosenkohls schmecken am besten, wenn sie Frost bekommen haben (unten).

Chinakohl wächst auf humusreichem, feuchtem Boden am besten heran.

Sorten: 'Honkong', 'Sperlings Nippon', 'Cantonner Witkrop'
Aussaat: Juli/August
Pflanzzeit: ausdünnen auf 30 cm Abstand
Ernte: bis Oktober November unter Abdeckung evtl. länger
Vorkultur: Erbsen, Steckzwiebeln
Mischkultur: Endivien, späte Salate, späte Möhren
Nachkultur: Winterrettich, Spinat (im August als Mischkulturpartner gesät)

Kohlrabi
Die Nährstoffansprüche des Kohlrabis gleichen schon eher den Mittelzehrern. Deshalb: gute Kompostversorgung, keine zusätzlichen Dünger außer Brennesseljauche während der Wachstumszeit.
Frühe Sorten: 'Blaro' (Rogglis blauer Treib- und Freiland), 'Lanro' (Rogglis weißer Freiland)
Aussaat: März (unter Glas)
Pflanzzeit: April/Mai
Ernte: Juni/Juli
Vorkultur: Erbsen
Mischkultur: Buschbohnen, Sellerie, Gurken
Nachkultur: Winterendivien.
Späte Sorten: 'Delikateß weißer', 'Delikateß blauer', 'Blauer Speck'
Aussaat: etappenweise von April/Mai
Pflanzzeit: Mai/Juni
Ernte: Juni/Juli
Vorkultur: Erbsen, Salate
Mischkultur: Salate, Buschbohnen, Sellerie
Nachkultur: Möhren, Endivien, Feldsalat

Wurzelgemüse

Kartoffeln

Sie brauchen einen nahrhaften, jedoch nicht frischgedüngten Boden. Kartoffeln eignen sich, um Nährstoffüberschüsse auf ehemals intensiv bewirtschaftetem Ackerland abzubauen und unterdrücken Unkräuter. Die »Erdäpfel« hinterlassen einen gut gelockerten Boden.

Im Frühjahr werden die Kartoffelknollen zum vorkeimen in eine Kiste gelegt. Die Seite mit den meisten »Augen« kommt nach oben. Je nach Klima kann man sie ab März/April in den Boden legen. In Mischkultur mit anderem Gemüse sollten die Furchen in einem Abstand von 80 Zentimetern gezogen werden. Man kleidet die Furchen am besten mit Kompost aus und streut Steinmehl oder Holzasche darüber. Die Kartoffeln werden mit den Keimen nach oben in diese Rillen gelegt und nur ganz dünn mit Erde überdeckt. Bei einer Höhe des Kartoffelkrauts von etwa 10–15 Zentimeter häufelt man die Kartoffelreihen an, später eventuell ein zweites Mal. Empfehlenswert ist es, die angehäufelte Erde mit Mulch zu bedecken. Bis zur Blüte fördern gelegentliche Düngungen mit Brennesseljauche das Wachstum des Krauts. Später sollte man diese Düngung einstellen. Erntereif sind Frühkartoffeln, wenn sich die Haut nicht mehr mit dem Daumen abreiben läßt. Späte Kartoffeln werden geerntet, wenn das Laub verwelkt ist.

Frühe Sorten: 'Erstling', 'Saskia', 'Ostara'
Mittelspäte Sorten: 'Clivia', 'Grata', 'Grandiola', 'Hansa'
Späte Sorten: 'Datura', 'Isola'

Die Kartoffelknollen werden geerntet, wenn das Laub verwelkt und der Boden abgetrocknet ist.

Wenn Porree tief gepflanzt wird, bildet er die langen, gebleichten und wohlschmeckenden Schafte.

Vorkultur: Puffbohnen oder eine Leguminosenmischung im Herbst zuvor
Mischkultur: Puffbohnen, Buschbohnen, Spinat, Kohl, Tagetes, Ringelblumen, Kapuzinerkresse, Kümmel
Nachkultur: Grün- und Rosenkohl (nach Frühkartoffeln),Endivien, Rote Bete, Winterrettich
Pflanzenschutz: Kraut- und Knollenfäule: Laub mit Algenkalk oder Steinmehl überstäuben. Kartoffelkäfer: Absammeln, mit Steinmehl stäuben.

Porree (Lauch)
Dieses Feingemüse kann, je nach Sorte, für den Sommer und Winter herangezogen werden. Man sät Porree im Frühbeetkasten oder auf einem gesonderten Beet aus. Sobald die Sämlinge etwa 10–15 Zentimeter lang sind, pflanzt man sie auf ein gut vorbereitetes Beet. Die Erde sollte sehr locker und reichlich mit Kompost versorgt sein. Man zieht eine möglichst tiefe Furche und sticht mit dem Pflanzholz möglichst tiefe Löcher, in die die Porreepflanzen hineingesetzt werden. Anschließend werden sie mit verdünnter Brennesseljauche angegossen. Mit zunehmendem Wachstum des Porrees füllt man die Furchen mit Komposterde auf und häufelt die Pflanzen später an. So bilden sie die dikken gebleichten und wohlschmeckenden Schafte aus.
Sorten für die Herbsternte: 'Bavaria', 'Elefant Herbstriesen 2'
Aussaat: März/April
Pflanzzeit: Mai
Ernte: September bis Dezember
Vorkultur: Gründüngung oder Ackerbohnen im Vorjahr
Mischkultur: Möhren, Sellerie, Tomaten, Salate, Kohl, Erdbeeren
Nachkultur: Salate im Frühjahr.
Sorten für die Winterernte: 'Blaugrüner Winter', 'Caretan', 'Winterriesen'
Aussaat: April
Pflanzzeit: Mai bis August
Ernte: November bis ins nächste Frühjahr
Vorkultur: Frühkartoffeln, Erbsen, Puffbohnen
Mischkultur und Nachkultur: wie oben
Pflanzenschutz: Möhren als Mischkulturpartner halten die Lauchmotte fern. Vorbeugend helfen Steinmehl und Schachtelhalmtee.

Sellerie
Dieses Wurzelgemüse ist ein ausgesprochener Starkzehrer und braucht eine gute Versorgung mit Nährstoffen. Bemerkenswert ist der relativ hohe Bedarf an Kali. Sie können ihn mit Schweinemist oder Holzasche decken. Knollensellerie muß frühzeitig unter Glas herangezogen werden, Stangensellerie auf einem besonderen Beet. Wichtig: Sellerie, vor allem Knollensellerie darf nicht zu tief gepflanzt werden. Beide sind Flachwurzler. Knollensellerie bildet bei zu tiefer Pflanzung keine Knolle aus. Vorsicht beim Hakken zwischen Sellerie, damit Sie nicht die flachen Wurzeln beschädigen. Besser ist es zu mulchen, dabei aber den direkten Bereich um die Pflanze frei-

Sellerie gehört zum stark zehrenden Gemüse und ist ein guter Mischkulturpartner von Tomaten und Kohl.

Aussaat: April/Mai
Pflanzzeit: Mai /Juni
Ernte: ab August
Vorkultur: Gründüngung, Erbsen
Mischkultur: wie oben
Nachkultur: im August noch Spinat und Feldsalat
Pflanzenschutz: Sellerieschorf und Blattfleckenkrankheit treten bei feuchter Witterung auf. Für weiten Abstand auch zu anderen Pflanzen sorgen und weite Fruchtfolgeabstände einhalten. Sellerie sollte frühestens nach vier Jahren wieder auf demselben Pflatz angebaut werden. Schachtelhalmtee macht die Pflanzen widerstandsfähig gegen Krankheiten.

zulassen. Während der Wachstumszeit sollte Sellerie mit Brennesseljauche, besser mit Beinwelljauche, die Kali enthält, gegossen werden.
Stangen- oder Bleichsellerie wird später mit Erde angehäufelt, damit die Stengel bleichen.

Knollensellerie
Sorten: 'Magdeburger Markt', 'Sperlings Dolvi', 'Monarch'

Aussaat: Februar/März auf der Fensterbank oder im temperierten Gewächshaus
Pflanzzeit: ab Mitte Mai
Ernte: Oktober/November
Vorkultur: Spinat
Mischkultur: Tomaten, Kohl, Lauch, Buschbohnen
Nachkultur: Frühe Salate
Stangen- oder Bleichsellerie:
Sorten: 'Goldgelber Selbstbleichender', 'Utah'

Fruchtgemüse

Kürbis

Der übliche Kürbis braucht ein hohes Maß an Nährstoffen und viel Platz. Er eignet sich vor allem zum Anbau auf überdüngtem Ackerland, das in einen Garten verwandelt werden soll. Unter den langen Ranken mit ihren großen Blättern wagt sich kaum ein Unkraut hervor. Ein guter Platz findet

sich auch neben dem Komposthaufen (nicht darauf) den der Kürbis dann mit seinem üppigen Blattwerk beschatten kann. Wo der Boden nicht ohnehin nährstoffreich ist, sollten Sie ihn an den Saat- oder Pflanzstellen mit Kompost versorgen.
Legen Sie drei bis fünf Kürbiskerne flach in den Boden oder in einen mit Erde gefüllten Blumentopf. Später können Sie die schon kräftig entwickelte Pflanze in den Garten setzen. Düngen Sie während der Wachstumszeit mehrmals mit Brennnesseljauche. Unterlegen Sie die Kürbisse zum Schutz vor Nässe mit einem Brett.
Sorten: 'Großer gelber Zentner', 'Grüner Zentner', 'Riesenmelonen'
Aussaat: Mai/Juni
Pflanzzeit: Ende Mai/Juni
Ernte: September/Oktober
Vorkultur: Erbsen, Spinat
Mischkultur: Zuckermais
Nachkultur: Möhren, Schwarzwurzeln im Frühjahr.

Gurken
Gurken brauchen vor allem viel Wasser und ein reiches Nährstoffangebot. Ein Überangebot an Stickstoff fördert allerdings Mehltau und Grauschimmel. Bereiten Sie deshalb das Beet auf dem sie wachsen sollen, sorgfältig mit gut verrottetem Mist oder Kompost vor. Bei einem lehmigen Boden häufen Sie die Erde zu einem kleinen Wall, am Fuß mit etwa 30 Zentimeter Breite an, auf dessen Krone Sie eine Gießrinne ziehen. Auf sandigem Boden bilden Sie den Pflanzstreifen, auf dem die Gurken wachsen sollen, als Rinne von etwa 30 Zentimeter Breite aus, damit Sie reichlich wässern können.
Gurken können Sie in Töpfen auf der Fensterbank vorziehen, indem Sie pro 11-Zentimeter-Topf drei Kerne in gut verrottete und feingesiebte Komposterde legen, die mit etwas Sand vermischt ist. Die kräftigen Gurkenpflanzen setzen Sie dann im Mai ins Freie. Sie können aber auch direkt säen, indem Sie die Gurkenkerne etwa im Abstand von 3–5 Zentimetern in die Saatrinne legen. Später werden die Sämlinge auf einen Abstand

Lassen Sie die Gurken an einem Spalier emporranken. Schlagen Sie dazu zwei Pfähle in den Boden und spannen Sie einen Maschendraht. Zu beiden Seiten werden anschließend die Gurken gesät oder – jeweils versetzt zueinander – vorgezogene Gurkenpflanzen im Abstand von etwa 30 Zentimetern gepflanzt. So sparen Sie Platz und schützen die Früchte vor Feuchtigkeit und Fäulnis.

Die Vielfalt der Kürbisgewächse ist groß. Hier: »Fliegende Untertassen« oder Squash-Kürbisse.

von jeweils 30 Zentimeter vereinzelt. Unterstützen Sie das Wachstum der Gurkenranken mit gelegentlichem Gießen mit Brennesseljauche; vorteilhaft ist es, wenn in dieser Jauche zusätzlich Beinwellblätter verarbeitet wurden.
Geben Sie ihnen aber einen luftigen jedoch windgeschützten Platz.
Sorten: 'Chinesche Schlangen', 'Delikateß', 'Sensation/Neckarruhm'
Aussaat: zweite Maihälfte oder ab Ende April unter Glas
Pflanzeit: ab Mitte Mai
Ernte: Juli bis September
Vorkultur: überwinterte Winterpostelein
Mischkultur: Dill (einige Körner mit in die Saatreichen streuen,), Stangenbohnen (als Windschutz möglichst in nordwestlicher Richtung) Buschbohnen, Sellerie, Lauch, Rote Bete, Salat
Nachkultur: Gründüngung, z.B. Senf
Pflanzenschutz: vorbeugend gegen Pilzkrankheiten Steinmehl in die Saatrillen streuen und Schachtelhalmtee spritzen. Frühestens nach drei Jahren wieder Gurken an dieselbe Stelle pflanzen.

Zucchini

Sie sind mit Gurken verwandt, jedoch wesentlich robuster. Die Ansprüche entsprechen im wesentlichen denen der Gurken. Säen Sie etwa im Abstand von einem Meter 2–3 Kerne oder setzen Sie im gleichen Abstand vorgezogene Pflanzen aufs Beet.
Sorten: 'Cocozelle von Tripolis' (ital. Zucchini), 'Black beauty', 'Diamant', 'Gold Rush'
Aussaat: Mai/Juni oder ab April unter Glas
Pflanzzeit: ab Mitte Mai
Ernte: Juni bis September
Vorkultur: Kopfsalat
Mischkultur: Stangenbohnen, Zuckermais, Kapuzinerkresse
Nachkultur: Spinat
Pflanzenschutz: Vorbeugend Schachtelhalmtee gegen Pilzkrankheiten spritzen, nicht zu dicht pflanzen.

Tomaten

Im Gegensatz zu allen anderen Gemüsearten gedeihen Tomaten am besten immer am selben Platz. Nur wenn die Tomatenpflanzen von Krankheiten befallen waren, empfiehlt es sich, den Platz zu wechseln. Wählen Sie für sie die sonnigste und am besten vor Wind geschützte Stelle in Ihrem Garten aus. Tomaten brauchen reichlich Nährstoffe. Reichern Sie das Beet mit verrottetem Mist oder Kompost an.
Tomaten brauchen »einen feuchten Fuß und einen trockenen Kopf«, sagt eine alte Regel. Das heißt, der Boden darf nie austrocknen, während das Kraut gegen andauernde Nässe empfindlich ist. Wählen Sie

deshalb große Abstände von 60–80 Zentimetern zwischen den Pflanzen und halten sie den Boden immer feucht und mit Mulch bedeckt. In regnerischen Gebieten empfiehlt es sich, ihnen ein Dach aus Frühbeetfenstern oder Folie zu geben, um sie vor dem stärkstern Regen zu schützen.
Tomaten können Sie ab Februar im Gewächshaus oder auf der Fensterbank aus Samen heranziehen. Sie müssen einmal aus dem Aussaatgefäß in einzelne Töpfe pikiert und später einmal umgetopft werden, damit sie möglichst kräftige Pflanzen erhalten.

In regenreichen Gebieten ist dieses Dach ideal für Tomaten. Der Boden muß jedoch immer feucht bleiben.

Die Tomatenpflanzen werden an die Südseite von zuvor eingeschlagenen Stäben oder senkrecht gespannten Schnüren gepflanzt. Man setzt sie möglichst tief, bis etwa zum ersten Blattpaar und etwas schräg ein. Sie bilden am unteren Triebende dann noch zusätzliche Wurzeln. Um die flachen Wurzeln der Tomaten beim Gießen nicht freizuspülen, senkt man am Fuß der Tomatenpflanzen Tontöpfe mit einem Durchmesser von mindestens 12 Zentimetern in den Boden, in die dann abgestandenes Wasser oder Brennesseljauche gegossen wird. Während der Wachstumszeit werden alle Nebentriebe aus den Blattachseln herausgebrochen (ausgegeizt),

damit die Blüten und Früchte zu ihrer Entwicklung genügend Platz und vor allem Licht haben. Die ausgegeizten Triebe legt man in den Wurzelbereich der Tomatenpflanzen. Die Auswahl an verschiedenen Formen und Sorten reicht von kleinfrüchtigen Cocktailtomaten bis zu den großen Fleischtomaten.
Sorten: 'Lukullus', 'Moneymaker', 'Große rote Fleischtomate', 'Super Marmande', 'Ranger', 'Patio' und viele andere
Aussaat: ab Februar auf der Fensterbank
Pflanzzeit: Mitte bis Ende Mai
Ernte: Juli bis Oktober; wer die Tomatenpflanzen mit einem Vlies vor den ersten leichten Nachtfrösten schützt, kann oft noch bis in den November hinein einzelne Früchte ernten.
Vorkultur: Radieschen
Mischkultur: Sellerie, Kohl, Lauch, Zuckermais, Salat, Kapuzinerkresse, Neuseeländerspinat, Petersilie
Nachkultur: keine, sondern Mulch aus den abgeschnittenen Tomatenpflanzen
Pflanzenschutz: Kräutfäule zeigt sich in Form von braunen und schwarzen Flecken an den Blättern, Trieben und Früchten. Sie ist eine Folge zu großer Feuchtigkeit. Befallene Pflanzenteile oder ganze Pflanzen sollten Sie rigoros entfernen und diese vor allem nicht zum Mulchen des Beets verwenden. Vorbeugend überstäuben sie die Pflanzen im Juni 3–4mal mit Algenkalk oder spritzen mit einer Jauche aus Knoblauch- oder Zwiebelschalen.

Paprika gedeihen wie Tomaten nur in sehr milden Klimazonen ohne Schutz vor Regen und tragen reichlich Früchte.

Paprika

Die Ansprüche an Standort und Boden entsprechen denen der Tomaten, allerdings brauchen sie noch mehr Sonne und Wärme. Deshalb können sie in den meisten Gegenden Deutschlands nur unter Glas gedeihen.
Sorten: 'Szegediner', 'Sperlings Merit', 'Puszta Gold', 'Liebesapfel'
Aussaat: März auf der Fensterbank
Pflanzzeit: Mai
Ernte: Juli/August
Vorkultur: Rettich, Radieschen
Mischkultur: Keine Erfahrungen bekannt; da Paprika wie Tomaten zur Familie der Nachtschattengewächse gehört, liegt es nahe, daß sich die gleichen Partner wie bei Tomaten eignen.
Nachkultur: Spinat, Feldsalat, Endivien, Winterrettich
Pflanzenschutz: Verticilliumwelke kann Pflanzen zum Absterben bringen. Abwehr nur vorbeugend durch weite Abstände der Pflanzen, häufiges Lüften im Gewächshaus, eine gute Versorgung mit stärkenden Brühen (Schachtelhalm, Beinwell) und eine möglichst weite Fruchtfolge.

Zuckermais

Die Kolben des Zuckermais sind wesentlich zarter als die des gemeinhin angebauten Futtermais. Man kann dieses Gemüse gut als Abgrenzung pflanzen, so daß er empfindlichere Gemüsearten vor Wind schützt. Bereiten Sie eine mit Kompost und Steinmehl angereicherte Furche vor, in die der Samen im Abstand von etwa drei Zentimetern ausgelegt wird. Die jungen Pflanzen werden später auf Abstände von 30 Zentimeter vereinzelt. Man häufelt sie einmal an. Während des Wachstums wird wiederholt mit Brennessel- oder Beinwelljauche gedüngt.
Sorten: 'Sperlings Goldsweet', 'Aztec'
Aussaat: Mai
Ernte: August/September
Vorkultur: Spinat
Mischkultur: Bohnen, Gurken, Zucchini, Tomaten
Pflanzenschutz: Vorbeugend Schachtelhalmbrühe gegen Pilzerkrankungen sprühen.

Zuckermais ist eine Delikatesse, die auch am Rande des Gartens heranwachsen kann.

Mittelzehrer

Das mittelstark zehrende Gemüse wird immer in zweiter Tracht, also nach den Starkzehrern angebaut. Da jede Pflanzenart ein anderes Menü an Nährstoffen braucht, bleibt von den Vorräten, die auf dem jeweiligen Beet für die Starkzehrer angelegt wurden, immer noch einiges für die nachfolgende Kultur mit den weniger hohen Ansprüchen übrig. Allerdings reichen diese Vorräte nie so ganz aus, so daß Mitterlzehrerbeete vorher mit Kompost versorgt werden müssen. Die meisten Mittelzehrer haben eine kürzere Kulturdauer als die Starkzehrer und können deshalb auch gut als Vor-, Zwischen- oder Nachkultur eingesetzt werden. In diesem Fall weichen wir von der klassischen Fruchtfolge von Stark- Mittel- oder Schwachzehrern gelegentlich ab und richten uns nach den Aussaat- und Erntezeiten des Gemüses. Wichtig ist ein möglichst rund ums Jahr genutzter oder zumindest bedeckter Boden.

Blattgemüse

Salate vom Frühjahr bis zum Winter

Vom Kopfsalat über den Schnitt- und Pflücksalat bis hin zum Feldsalat, läßt sich der Bedarf dieses Gemüses auch in kleinen Gärten rund ums Jahr decken. Je nach Art kann man ihn als Hauptkultur auf einem ausgesprochenen Mittelzehrerbeet, als Zwischenkultur sowohl von Schwachzehrern als auch Starkzehrern einbeziehen oder als Nachkultur flächig den Boden bedecken lassen.

Kopfsalat

Diese klassische Salatform gehört zu den ersten Salaten, die die Salatsaison im Frühjahr eröffnen. Sie können ihn bereits im Frühbeetkasten oder auf der Fensterbank vorziehen, um später möglichst bald Köpfe zu haben. Im Sommer gibt es spezielle Sorten, die schneller heranwachsen und nicht so leicht »schießen«, also zu blühen beginnen. Säen und pflanzen Sie Kopfsalat nie in großen Mengen, sondern immer etappenweise in Abständen von etwa 14 Tagen aus. So haben Sie immer genügend frischen Salat aber nie ein Überangebot. Das Salatbeet braucht Kompost und muß immer gut feucht sein. Eine Zusatzdüngung mit Brennesseljauche ist nur auf magerem Boden erforderlich oder wenn einmal das Wachstum stocken sollte. Wenn der Salat beginnt, Köpfe zu bilden, sollten Sie nicht mehr mit Jauche gießen.

Frühe Sorten: 'Maikönig', 'Viktoria'

Aussaat: März/April

Pflanzzeit: richtet sich nach Größe der Salatsämlinge wenn sie etwa eine Handbreite hoch sind

Ernte: Mai/Juni

Eine bunte Salatmischung, die in der Nachbarschaft der Erbsen besonders gut gediehen ist.

Sommersorten: 'Attraktion', 'Kagraner Sommer', 'Brauner Trotzkopf', 'Benita'
Aussaat: April bis Juli
Ernte: Juni bis September
Vorkultur: Frühe Sorten am besten auf zuvor gemulchtem Boden, wo im Vorjahr Starkzehrer standen oder nach Grün- und Rosenkohl. Im Juli gepflanzte Salate nach Erbsen, vor allem auf magerem Boden.
Mischkultur: Kohl, Kohlrabi, Tomaten, Zwiebeln, Bohnen, Spinat, Erdbeeren
Nachkultur: Zucchini, Buschbohnen, Möhren
Pflanzenschutz: Blattläuse mit Wasser abspritzen, Salatbeete feuchthalten. Gegen Schnecken mit Schneckenzaun, Steinmehl oder Sägemehl schützen.

Schnitt- oder Pflücksalat
Dieser Salat wird an Ort und Stelle ausgesät und wächst nach dem Schneiden immer wieder nach. Manche Sorten bilden auch dem Kopfsalat ähnliche Köpfe, wenn man sie einzeln pflanzt.
Sorten: 'Red Salat Bowl', 'Lollo rossa', 'Australischer Gelber', 'Lollo bionda'
Aussaat: März bis Juli
Ernte: Mai bis September
Vorkultur: wie Kopfsalat.

Mischkultur: Tomaten, Radieschen, Rettich Schwarzwurzeln, Rote Bete, Spargel, Fenchel, Kohl
Nachkultur: wie Kopfsalat
Pflanzenschutz: nur Schneckenabwehr erforderlich.

Eis- oder Krachsalat
Um es vorweg zu nehmen: Eissalat hat nichts mit Frosthärte zu tun. Es handelt sich dabei um einen Sommersalat mit krachenden, knusprigen Blättern. Er bildet sehr große Köpfe
Sorten: 'Laibacher Eis', 'Great Lakes', 'Sioux', 'Rossia'
Aussaat: Mai bis Juli
Pflanzzeit: Mai bis Juli
Ernte: Juni bis Oktober
Vorkultur: Erbsen
Mischkultur: Wie Kopfsalat
Nachkultur: je nach Erntezeitraum: Buschbohnen, späte Möhren
Pflanzenschutz: wie Kopfsalat.

Zuckerhut
Ein Zichoriensalat, der erst im Sommer gesät und im Oktober geerntet wird. Er braucht ein tiefgelockertes Beet, auf dem er direkt ausgesät und später auf einen Abstand von 30–40 Zentimeter ausgedünnt wird. Düngung mit Pflanzenjauche unterstützen das Wachstum.
Sorten: 'Zuckerhut/Hilmar', 'Sperlings Kristallkopf'
Aussaat: Juni
Ernte: Oktober
Vorkultur: Radieschen
Misch- und Nachkultur: Fenchel

Radicchio
Ein roter Salat, der auch den Winter überdauern kann. Die Aussaat erfolgt direkt aufs Beet, später wird ausgedünnt, so daß sich die einzelnen Köpfe gut entwickeln können. Im späten Herbst schneidet man die Blätter bis auf etwa fünf Zentimeter zurück, um die Rosettenbildung anzuregen.
Sorten: 'Roter von Verona', 'Palla rossa',
Aussaat: Mai/Juni
Ernte: je nach Sorten von Oktober bis März
Vorkultur: Radies, Erbsen
Mischkultur: Winterkohlarten, Fenchel, Lauch
Nachkultur: Schwachzehrendes Gemüse oder Blumen und Kräuter

Krachsalat bildet große Köpfe und ist ein besonders knackiger Vertreter seiner Art.

Eichblattsalat – ein Pflücksalat der sich auch als Einzelpflanze üppig entwickeln kann (oben). Feldsalat für den Winter und das Frühjahr (oben rechts).

Endivien

Von diesem Zichoriensalat gibt es Sommer- und Wintersorten. Die Sommersorten werden wie Kopfsalat ausgesät und behandelt. Wintersorten sät man im Juni. Einige Sorten vertragen leichten Frost und können mit einem Vlies abgedeckt bis Dezember im Feiland bleiben.
Sommersorten: 'Kasseler'
Aussaat: April
Pflanzzeit: Mai
Ernte: Juli/August
Vor-, Nach- und Mischkultur: wie bei Kopfsalat
Wintersorten: 'Bubikopf', 'Escariol grüner', 'Golda', 'Sperlings Jeti'
Aussaat: Juni
Pflanzzeit: August
Ernte: September bis Dezember
Pflanzenschutz: Stäuben mit Steinmehl beugt bei Wintersorten Fäulnisgefahr vor.

Feldsalat

Dieser Salat eignet sich als Bodendecke für den Winter sowie als Mischkulturpartner und Untersaat für andere in den Winter hineinwachsende Gemüsearten. Er kann sowohl breitwürfig als auch in Reihen gesät werden. Aussaaten nach September sind im zeitigen Frühjahr erntereif.
Sorten: 'Etempes', 'Holländischer breitblättriger', 'Hilds Vit'
Aussaat: August, September (Oktober)
Ernte: je nach Aussaattermin von September bis März
Vorkultur: starkzehrendes Gemüse, Möhren
Mischkultur: Winterzwiebeln oder als Untersaat von Grün- und Rosenkohl
Nachkultur: Leguminosen im Frühjahr.

Winterportulak

Kultur ähnlich Feldsalat als Unter- oder Zwischensaat sowie als winterliche Bodendecke.Bei der ersten Ernte dünnt man gleichzeitig aus und läßt nur die kräftigsten Pflanzen stehen, die sich dann ausbreiten. Im Gegensatz zu Feldsalat braucht Winterportulak einen leichten Frostschutz aus Reisig oder Vlies oder kann im Frühbeetkasten angebaut werden.
Sorten: 'Winterpostelein'
Aussaat: Juni bis August
Ernte: September bis März
Vorkultur: Starkzehrer
Mischkultur: keine, Bodendecker
Nachkultur: Gurken

Spinat

Ein universeller Mischkulturpartner. Es scheidet über seine Wurzeln Saponine aus, die jeder Nachbarpflanze guttun. Die Wurzeln von abgeerntetem Spinat solten immer im Boden bleiben, Pflanzen, die nicht

geerntet wurden, hackt man ab und läßt sie als Mulchdecke liegen. Da man Spinat sowohl im Frühjahr als auch im Sommer und Herbst aussäen kann, ist er nahezu rund ums Jahr vielseitig einsetzbar und verwendbar.
Spinat braucht lockeren, gleichmäßig feuchten humusreichen Boden. Vor der Aussaat gut verrotteten Kompost ausbringen.
Frühe Sorten: 'Matador', 'Butterfly'
Aussaat: März/April
Ernte: ab Mai/Juni
Späte Sorten: 'Mazurka', 'Monoppa'
Aussaat: August bis Oktober
Ernte: Oktober bis April
Vor- Misch- und Nachkultur: alle Gemüsearten
Pflanzenschutz: Spinat bekommt allenfalls Mehltau. Auf resistente Sorten achten.

Neuseeländerspinat
Dieser Spinat bildet lange Triebe, deren Spitzen geerntet werden. Er wird in Töpfen unter Glas vorgezogen und im Mai ausgepflanzt. Er braucht viel Platz und eignet sich deshalb nur zur Unterpflanzung von Tomaten und Obstbäumen, sofern man ihm nicht ein eigenes Beet gibt.
Sorten: 'Neuseeländer'
Aussaat: März/April auf der Fensterbank oder im Gewächshaus in Töpfen
Pflanzzeit: zweite Maihälfte
Ernte: Juni bis September
Mischkultur: Tomaten, Obstgehölze

Mangold
Man unterscheidet Blatt- und Rippenmangold. Man kann ihn im Frühjahr für die laufende Ernte im Sommer aussäen oder im Sommer zur Überwinterung. Mangold sollte bei der Aussaat etwas Kompost sowie Steinmehl bekommen. Er braucht immer feuchten Boden. Vorbeugend gegen Mehltau dünnt man Blattmangold auf Abstände von 15 und Rippenmangold auf 30–40 Zentimeter aus. Der Abstand zu benachbarten Gemüsereihen sollte ebenfalls etwa 30 Zentimeter betragen. Geerntet werden jeweils die äußeren Blätter, die inneren wachsen dann wieder nach.
Überwinternder Mangold muß durch ein Vlies oder Reisig geschützt werden.
Sorten: 'Lukullus', 'Glatter Silber'
Aussaat: April (für Sommerbedarf), Mai bis Juli für Herbsternte und Überwinterung.
Ernte: Juni bis März (je nach Aussaattermin)
Vorkultur: Spinat
Mischkultur: Kohl, Möhren, Radies, Rettich
Nachkultur: Blumenkohl

Prächtiger roter Stielmangold

Möhren gibt es mit unterschiedlich ausgebildeten Wurzelorganen in vielen Sorten. Sie können zu verschiedenen Zeiten im Jahr ausgesät werden.

Wurzelgemüse

Unter den Mittelzehrern finden sich die Gemüsearten mit den nahrhaften und ausdauernden Speicherwurzeln. Sie brauchen alle einen tiefgelockerten Boden, tragen aber auch ihrerseits zur Lockerung der Erde bei. Frischgedüngter Boden schadet ihnen meistens und begünstigt Bodenschädlinge.

Möhren

Karotten oder Möhren brauchen einen lockeren, feuchten Boden und einen luftigen Stand. Frische Düngung mit Kompost oder Mist beeinflußt das Aroma negativ und kann außerdem Befall der Möhrenfliege verursachen. Am besten ist eine Vorkultur mit einem Starkzehrer, beispielsweise Porree oder eine Kompostversorgung im Herbst vor der Aussaat. Möhren können ab März und je nach Sorte bis in den Juni hinein gesät werden. Die zuletzt gesäten Sorten halten bis in den Winter hinein und vertragen einige Grade Frost. Man sollte sie so lange wie möglich im Boden lassen und bei Frost das Beet abdecken.

Möhren keimen sehr langsam. Mischen Sie dem Möhrensamen deshalb einige Körner Salat- oder Radieschensamen bei, der die Reihen markiert, so daß Sie bald den Boden zwischen den Reihen lockern können. Einige Körner Dill mit in die Rillen der Möhrensaat gestreut fördert das Auflaufen des Möhrensamens. Die jungen Möhren müssen möglichst bald auf einen Abstand von drei Zentimetern verzogen werden, sonst können sich die Wurzeln nicht ausreichend entwickeln.

Frühe Sorten: 'Pariser Markt', 'Bureau', 'Sperlings Frühbund'
Aussaat: März/April

Zwiebeln brauchen einen luftigen Stand und nicht zu feuchten Boden. In Mischkultur immer an der Außenseite des Beets ansiedeln.

Ernte: Juli/August
Vorkultur: Lauch vom Vorjahr
Mischkultur: Steckzwiebeln, Erbsen, Radieschen, Schnittsalat, Tomaten, Mangold
Nachkultur: Zichoriensalate, Feldsalat, Spinat, Tagetes (vor allem nach Befall mit der Möhrenfliege)
Pflanzenschutz: frühe Aussaat beugt der Möhrenfliege vor, sonst wehrt die Nachbarschaft der Zwiebeln die Möhrenfliege ab. Wichtig: eine weite Fruchtfolge einhalten, möglichst drei Jahre

Späte Sorten: 'Nantaise', 'Juwarot', 'Lange rote stumpfe ohne Herz'
Aussaat: März bis Juni
Ernte: September bis Dezember
Vorkultur: Früher Kopfsalat, Tagetes, die dann verpflanzt oder in die Mischkultur einbezogen werden
Mischkultur: Porree, Knoblauch, Zichoriensalate
Nachkultur: im darauffolgenden Frühjahr Erbsen
Pflanzenschutz: Porree, Knoblauch und Tagetes wehren die Möhrenfliege ab.

Zwiebeln

Zwiebeln stellen ähnliche Ansprüche wie Möhren, wenngleich sie auch einen etwas trockeneren Boden lieben. Sie sollten deshalb bei der Mischkultur mit Möhren immer an der Außenseite des Beetes angesiedelt werden. Die einfachste Möglichkeit der Zwiebelanzucht bieten Steckzwiebeln, die man im Frühjahr im Samenfachhandel bekommen kann. Sie werden bis zu zwei Dritteln in den gelockerten Boden gesteckt. Tip: lassen Sie die Zwiebeln 24 Stunden in Regenwasser vorquellen. So vermeiden Sie, daß die Zwiebeln während der ersten Wochen nach dem Stecken aus dem Boden »herausspringen«. Man kann

Saatzwiebeln sät man an Ort und Stelle im März aus und dünnt die jungen, bereits verwendbaren Zwiebeln aus. Ernte im August.
Weiße Frühlingszwiebeln werden im August gesät, überwintern und sind im nächsten Mai reif.
Etagenzwiebeln bilden Brutzwiebeln am Ende des Lauchs. Sie können in der Küche, sowie zur Vermehrung verwendet werden.

aber auch den Samen kaufen und auf einem gesonderten Beet Steckzwiebeln heranziehen.
Alle Zwiebeln vertragen wie Möhren keinen frischgedüngten Boden. Vor allem Stickstoff sollte gemieden werden.

Steckzwiebeln
Sorten: 'Stuttgarter Riesen', 'Zittauer gelbe Riesen', 'Braunschweiger rote Riesen'
Pflanzzeit: zweite Märzhälfte;
Ernte: Juli August, sobald das Lauch trocken wird
Mischkultur: Möhren, Erdbeeren, Kopf- und Zichoriensalat, Gurken, Dill
Pflanzenschutz: Möhren schützen die Zwiebeln vor der Zwiebelfliege, gegen die man auch mit Steinmehl vorgehen kann.

Knoblauch
Die würzigen Zwiebeln werden meistens zwischen andere Gemüsepflanzen gesteckt. Man verwendet die Zehen und kann so den Knoblauch immer wieder neu vermehren. Knoblauch braucht einen warmen, durchlässigen Boden, ist aber sonst im Garten völlig unproblematisch. Im Gegenteil: er schützt nahezu alle anderen benachbarten Pflanzen vor Pilzkrankheiten und Bodenschädlingen. Nur mit Kohlgewächsen und Bohnen verträgt sich Knoblauch nicht.
Sorten: gibt es nicht. Nehmen Sie immer die kräftigsten Zehen zur Vermehrung
Pflanzzeit: August bis Oktober oder in Gegenden mit harten Wintern April
Mischkultur: vor allem mit Erdbeeren und Obstgehölzen empfehlenswert.

Rote Bete
Man nennt sie auch Rote Rüben. Sie brauchen einen lockeren stets feuchten Boden, der sich mit Kompost und einer Mulchdecke erzielen läßt. Gießen mit Beinwelljauche fördert das Wurzelwachstum. Man sät an Ort und Stelle und verzieht die Sämlinge auf zehn Zentimeter Abstand. Sie lassen sich bei einiger Sorgfalt und bedecktem Himmel auch verpflanzen.
Sorten: 'Rote Kugel',
Aussaat: April bis Juli
Ernte: Juli bis November
Vorkultur: Endivien, Feldsalat des Vorjahres bei Aprilsaat
Mischkultur: Kohlrabi, Pflücksalat, Gurken, Buschbohnen
Nachkultur: Schwarzwurzeln.

Schwarzwurzeln
Die langen schwarzen Wurzeln brauchen lange zu ihrer Entwicklung. Deshalb müssen sie gut versorgt werden. Frische Düngung vertragen sie als Mittelzehrer allerdings nicht.
Bereits im Herbst vor der Aussaat sollte der Boden für sie tief gelockert und mit Kompost

Wenn Knoblauch an den gebogenen langen Schaften weiße »Samenkapseln« trägt, wird es Zeit, die Zehen aus dem Boden zu holen.

versorgt werden. Im zeitigen Frühjahr wird ausgesät. Sämlinge werden ausgedünnt und die heranwachsenden Pflanzen gelegentlich mit Beinwelljauche versorgt.
Sorten: 'Einjährige', 'Schwarzer Pfahl'
Aussaat: März
Ernte: September bis April
Vorkultur: Kartoffeln, Kreuzblütler-Gründüngung zur Bodenlokkerung
Mischkultur: Lauch, Kopfsalat, Pflücksalat, Kohlrabi
Nachkultur: Porree

Radieschen und Rettich
Beide brauchen lockeren Boden um ihre langen dicken Wurzeln oder runden Kugeln auszubilden. Ansonsten lassen sie sich gut als Mischkulturpartner zu fast jeder Jaheszeit verwenden. Eine Versorgung mit Kompost, der feingesiebt in die Saatrillen gegeben werden kann, genügt. Der Boden sollte immer gleichmäßtig feucht gehalten werden. Wichtig ist die richtige Wahl unter den vielen Sorten zur rechten Jahreszeit. Radieschen und Rettich müssen rechtzeitig verzogen werden, damit sie ihre Speicherwurzeln ungehindert entwickeln können.
Sorten Radieschen: 'Fanal', 'Parat', 'Cherry Belle', 'Saxa', 'Eiszapfen'
Sorten Rettich: 'Ostergruß rosa', 'Hilds roter Neckarruhm', 'Minowase Summer Cross', 'Halblanger weißer Sommer', 'Münchner Bier', 'Langer schwarzer Winter', 'Runder schwarzer Winter'
Aussaat: Je nach Sorte von März bis August
Mischkultur: Salat, Tomaten, Spinat, Möhren
Pflanzenschutz: Salat und Spinat als Mischkulturpartner sowie Gießen bei Trockenheit und Mulchen schützen Radieschen und Rettiche vor Erdflöhen.

Schwachzehrer

Diese Gruppe besteht eigentlich nur aus Erbsen und Bohnen. Man kann aber auch alle Kräuter und Sommerbumen dazuzählen, da ihre Nährstoffansprüche ebenfalls gering sind. Erbsen und Bohnen binden in Lebensgemeinschaft mit den sogenannten Knöllchenbakterien Stickstoff aus der Bodenluft, der ihnen nicht nur zur eigenen Versorgung reicht, sondern der auch dem nachfolgenden Gemüse zugute kommt.

Radieschen (unten) können immer als Zwischenkultur gesät werden. Rettich (unten rechts) braucht mahr Platz.

Deshalb ist es sinnvoll, sie so in die Fruchtfolge einzuplanen, daß nach ihnen ein starkzehrendes Gemüse oder ein Mittelzehrer mit etwas höheren Stickstoffansprüchen folgt.

Erbsen

Von diesen Hülsenfrüchtlern gibt es drei verschiedene Arten: die frostverträglichen Schal- oder Palerbsen, die Markerbsen sowie Zuckererbsen. Palerbsen werden im reifen Zustand mehlig, Markerbsen schmecken süß, werden aber mit zunehmdendem Alter hart, Zuckererbsen sind sehr süß und können jung auch mit der Schale gegessen werden.

Da Erbsen klettern, spannt man ein Maschendrahtgeflecht von etwa einen Meter Höhe und sät zu beiden Seiten Erbsen oder man sät in zwei Reihen und steckt Reisig schräg von außen in den Boden, sobald die Erbsen groß genug sind, um Ranken auszubilden. Erbsen werden 5–6 Zentimeter tief in den Boden gelegt.

Sorten: 'Rheinländerin' (Palerbse), 'Allerfrüheste Mai', 'Lancet', 'Wunder von Kelvedon' (Markerbse), 'Denise', 'Schweizer Riesen'

Aussaat: März bis Juni

Ernte: Juni bis September

Vorkultur: Mittelzehrer, auf kargem Boden auch Starkzehrer

Mischkultur: Möhren, Gurken, Kopfsalat, Kohl, Fenchel

Nachkultur: Starkzehrer, auf kargem Boden Mittelzehrer (die Wurzeln der Erbsen müssen im Boden bleiben).

Prunkbohnen sind eine Zierde für den Garten, nicht sehr anspruchsvoll, und sie tragen reichlich.

Bohnen

Auch die Bohnen gehören zu den Schmetterlingsblütlern und sammeln Stickstoff. Absolut anspruchslos sind nur die Buschbohnen. Stangen-Prunk- und Puffbohnen brauchen eine Versorgung mit Kompost. Sonst gedeihen auch sie unter normalen Bodenverhältnissen recht gut. Unter den kletternden Bohnen sind die Prunkbohnen besser für rauhes Klima geeignet. Kletterbohnen bedecken zwar ein ganzes Beet, jedoch ist der Ertrag an drei Meter langen Stangen höher als auf der gleichen Beetfläche mit Buschbohnen. Ehe die Kletterbohnen bis in die Spitzen der Stangen gewachsen sind, können Salate, Radieschen und manches andere Gemüse auf dem Beet gedeihen und rechtzeitig bevor die Bohnen alles bedecken geerntet werden.

Puffbohnen (oben links) sollten so früh wie möglich ausgesät werden. Buschbohnen (oben) wachsen schnell im Sommer heran.

Puffbohnen

Diese dicken Bohnen können bereits im Februar gelegt werden. Da sie Stickstoff sammeln, eignen sie sich als Vorkultur vor Gurken oder Zucchini sowie späten Kohl.
Sorten: 'Dreifachweiße'
Aussaat: Februar/März
Ernte: Mai /Juni
Mischkultur: Pflücksalat, Kohlrabi, Spinat
Pflanzenschutz: gegen die Schwarze Bohnenlaus beugen frühe Aussaat, weiter Abstand sowie Auskneifen der Spitzen vor. Boden feuchthalten.

Buschbohnen

Sie verlangen lockeren Boden und können erst nach den Eisheiligen ausgesät werden. Man legt den Samen entweder Reihen im Abstand von etwa 10 Zentimetern oder als sogenannte Horstsaat, bei der alle 40 Zentimeter 5–7 Körner ausgelegt werden. Bohnen dürfen nur dünn mit Erde bedeckt werden.
Sorten: 'Sotexa', 'Saxa', 'Hildora',
Aussaat: Mitte Mai bis Juli
Ernte: Juli bis Oktober
Vorkultur: Salate, Rettich/Radieschen
Mischkultur: Bohnenkraut, Erdbeeren, Tomaten, Gurken, Kohl, Kohlrabi, Salate, Sellerie, Rote Bete
Pflanzenschutz: Bohnenkraut schützt vor Bohnenläusen.

Stangen- und Prunkbohnen

Die Bohnenstangen werden im Abstand von 60–70 cm aufgestellt. Die Schrägstellung mit einer Stange am First ist stabiler als gerade in den Boden gesteckte Stangen.

Um die Stange wird eine Rille gezogen in die 6–10 Samen gelegt werden. Aufgrund ihres starken Wachstums brauchen Kletterbohnen mehr Nährstoffe als Buschbohnen. Sie sollten reichlich mit Kompost versorgt werden.
Sorten: 'Neckarkönigin', 'Hilda', 'Blauhilde', 'Neckargold' (Stangenbohnen); 'Preisgewinner', 'Weiße Riesen', 'Desiree'
Aussaat: Mai
Ernte: Juli bis Oktober
Vorkultur: Kopfsalat, Radieschen, frühe Rettiche
Mischkultur: Tomaten, Gurken, Zucchini, Endivien, Kapuzinerkresse, Kohl, Kohlrabi und Kopfsalat.

Register